汽车电气设备构造
与维修一体化教材

主　编　黄启敏　黄文光　何晓珠

副主编　韦都衙　赵秉聪　黄　勇　易坤仁　甘勇辉　宁　斌

参　编　莫荣珍　郑月华　黄宇军　周昌龙　王俪颖　侯　捷
　　　　叶莉莉　谭青丝　刘国灿　吴　杰　蒙利武　黄兰芬
　　　　陈叙姗

電子工業出版社

Publishing House of Electronics Industry

北京·BEIJING

内 容 简 介

本书以培养学生掌握汽车电气维修的技能为核心，以工作过程为导向，采用项目教学的方式组织内容，每个项目均来自企业的典型案例，同时融入1+X证书的相关内容，主要包括汽车电源系统，汽车启动系统，汽车点火系统，照明、信号、仪表及报警系统，辅助电气设备，汽车空调系统六个项目。基于企业的典型案例，本书详细介绍了各系统的结构、工作原理，典型零部件的拆装、调整及检修方法等。每个项目由项目描述、任务引入、相关知识、任务实施等内容组成。通过学习和训练，学生不仅能够掌握汽车电气设备各系统的构造、主要分总成正确的拆装方法、零部件的检查及常见故障的排除方法，还能够掌握汽车主要零部件的更换、汽车电气相关故障的排除等维修技能。

本书可作为中、高等职业院校、技工院校汽车类专业的教学用书，也可供有关技术人员参考、学习和培训之用。

图书在版编目（CIP）数据

汽车电气设备构造与维修一体化教材 / 黄启敏，黄文光，何晓珠主编. —北京：电子工业出版社，2021.12
ISBN 978-7-121-26793-2

Ⅰ. ①汽… Ⅱ. ①黄… ②黄… ③何… Ⅲ. ①汽车－电气设备－构造－中等专业学校－教材②汽车－电气设备－车辆修理－中等专业学校－教材 Ⅳ. ①U472.41

中国版本图书馆CIP数据核字（2021）第271170号

责任编辑：张　凌　　　　　　特约编辑：田学清
印　　刷：河北鑫兆源印刷有限公司
装　　订：河北鑫兆源印刷有限公司
出版发行：电子工业出版社
　　　　　北京市海淀区万寿路173信箱　　　邮编　100036
开　　本：880×1 230　　1/16　　印张：12　　字数：249.6千字
版　　次：2021年12月第1版
印　　次：2024年8月第5次印刷
定　　价：38.00元

凡所购买电子工业出版社图书有缺损问题，请向购买书店调换。若书店售缺，请与本社发行部联系，联系及邮购电话：（010）88254888，88258888。
质量投诉请发邮件至zlts@phei.com.cn，盗版侵权举报请发邮件至dbqq@phei.com.cn。
本书咨询联系方式：（010）88254549，zhangpd@phei.com.cn。

PREFACE

汽车电气设备构造与维修是中、高职院校汽车类专业的一门专业基础课程，汽车电气设备的检测与维修是汽车维修人员必须掌握的基本技能，并且可以在没有检测设备的情况下为汽车维修高技能人才准确地判断出故障奠定基础。

本书以工作过程为导向，以典型工作任务及 1+X 证书为载体，采用项目教学的方式组织内容，主要包括汽车电源系统，汽车启动系统，汽车点火系统，照明、信号、仪表及报警系统，辅助电气设备，汽车空调系统六个项目。每个项目由项目描述、任务引入、相关知识、任务实施等内容组成，并且在相关知识和任务实施两个部分增加了一些小栏目，如"提示""注意"等。在任务引入部分，通过工作任务引出完成此工作任务所需要的理论知识和技能；在相关知识部分详细介绍完成该项目所必需的知识与技能；在任务实施部分，介绍了各分总成的拆装、检修及调整方法。本书配有与之相对应的工作页，学生在完成专业技能操作后，通过工作页的学习巩固相应的理论知识。工作页引入专业技能及课程考核方案，专业技能通过随堂考核的方式，将"教""学""做""考"巧妙地融为一体，既能检验学生掌握专业技能的水平，又能体现教师的教学水平。

课程教学目标增加了思政目标，教师在课前或专业技能实训时，可组织学生观看《大国重器》等视频，培养学生精益求精的工匠精神，使学生养成良好的社会主义核心价值观及遵纪守法的良好品德，实现专业课与思政课同向同行。

本书是一本体现"互联网+教育"理念的教材。在书中以二维码的形式插入动画、视频等辅助教学资源，读者可通过手机等终端设备扫描观看，实现随时随地移动学习。

本书由广西物资学校牵头，联合二十余所职业院校，依托汽车运用与维修专业实训室建设项目（项目编号：GXZC2021-J1-000913-GXZL），在汽车专业理实一体化教学改革成果（国家教学成果奖二等奖）的基础上修编而成。

由于编者能力和水平有限，书中难免存在不足之处，敬请广大读者提出宝贵意见，在此深表感谢。

CONTENTS

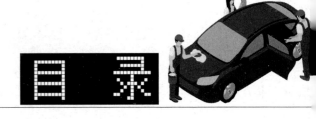

目 录

配套资源

项目一

汽车电源系统

项目描述

汽车电气设备所使用的电源来自蓄电池或发电机，发电机负责对蓄电池进行充电，使蓄电池长期保持在足电状态，蓄电池和发电机负责对全车的电器进行供电。电源系统主要由蓄电池、发电机、电压调节器等组成。

本项目主要介绍蓄电池、发电机的构造、工作原理及零部件的检修方法等知识。

任务 1 蓄电池的构造与检修

知识目标

1. 掌握蓄电池的种类。
2. 掌握蓄电池的结构及工作原理。

能力目标

1. 能对蓄电池进行充电。
2. 能判断蓄电池的性能。

思政目标

1. 通过熟练掌握蓄电池充电规范的操作流程，培养学生精益求精的工匠精神。
2. 通过学生小组合作学习，培养学生爱岗敬业、团结互助的职业道德。
3. 通过观看视频《大国重器》，参加弘扬优秀传统文化的活动，培养学生的爱国情怀。

任务引入

一辆轿车停放在停车场半年之后，打开钥匙开关仪表盘灯全部点亮，但是亮度较暗，启动时灯全灭不能正常启动，经过 4S 店维修技师检查后判断是电源系统中的蓄电池亏电。本任务主要介绍蓄电池的构造、工作原理、拆装及检修等内容。

相关知识

一 电路和图形符号

1. 电路

电路是指电流可在其中流通的器件或媒质的组合。图 1-1 所示为双线制电路图。当开关闭合时，电流流过白炽灯，白炽灯发光；当开关断开时，无电流通路，因此白炽灯不会发光。

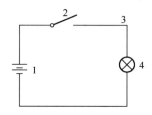

1—电源；2—开关；3—连接导线；4—白炽灯。

图 1-1　双线制电路图

通常把电路中的实物用简单的电气图形符号来表示，这样的图叫作电路图。

汽车电路图是利用图形符号和文字符号，表示汽车电路构成、连接关系和工作原理，而不考虑其实际安装位置的一种简图。为了使电路图具有通用性，便于进行技术交流，构成电路图的图形符号和文字符号，不是随意的，它有统一的国家标准和国际标准。要看懂电路图，必须了解图形符号和文字符号的含义、标注原则和使用方法。

2．图形符号

图形符号是用于电气图或其他文件中的表示项目或概念的一种图形、标记或字符，是电气技术领域中最基本的工程语言。因此，为了看懂汽车电路图，我们要熟练掌握并运用它。

图形符号分为基本符号、一般符号和明细符号 3 种。

1）基本符号

基本符号不能单独使用，不表示独立的电器元件，只说明电路的某些特征，如"—"表示直流，"～"表示交流，"+"表示电源的正极，"–"表示电源的负极，"N"表示中性线。

2）一般符号

一般符号用以表示一类产品和此类产品特征的一种简单符号，如⊛表示指示仪表的一般符号，▣表示传感器的一般符号。一般符号广义上代表各类元器件，另外也可以表示没有附加信息或功能的具体元件，如一般电阻器、电容器等。

3）明细符号

明细符号表示某一种具体的电器元件。它是由基本符号、一般符号、物理量符号、文字符号等组合派生出来的，如⊛表示指示仪表的一般符号，当要表示电流、电压的种类和特点时，将"*"处换成"A""V"就成为明细符号，Ⓐ表示电流表，Ⓥ表示电压表。表 1-1 为汽车电路图常用的图形符号。

表 1-1　汽车电路图常用的图形符号

图形符号	说明	图形符号	说明	图形符号	说明	图形符号	说明
⊥	电容器		输入/输出信号电阻器	12	固定在部件上的连接器	⊠	线圈
	蓄电池		输入/输出控制开关		非完整部件	G100	搭铁
□	完整部件	▽	二极管	12	引线连接器		绞合线
	熔断器		加热元件		螺栓紧固式孔眼端子		屏蔽
	断路器	Ⓜ	电机	◇	不同配置		继电器
				E-	开关	X305 32	线束连接器

3. 汽车电路的单线制

电源和用电设备之间用两根导线构成的回路称为双线制。

电源和用电设备之间通常只用一根导线连接，另一根导线则由车体的金属部分代替，由此构成的回路称为单线制。图 1-2 所示为负极搭铁的单线制电路图，单线制实物图如图 1-3 所示。

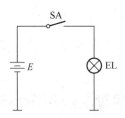

图 1-2　负极搭铁的单线制电路图

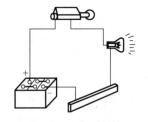

图 1-3　单线制实物图

💡 **注意**

　　采用单线制时，蓄电池的一个极必须用导线接到车体上，通常称为搭铁，用符号"⊥"表示。如果把蓄电池的负极与车体相接就称为负极搭铁；如果把蓄电池的正极与车体相接就称为正极搭铁。

由于负极搭铁对无线电干扰较小，因此现在世界各国的汽车采用负极搭铁的较多，图 1-4 所示为五菱宝骏汽车电源分布示意图（局部）。

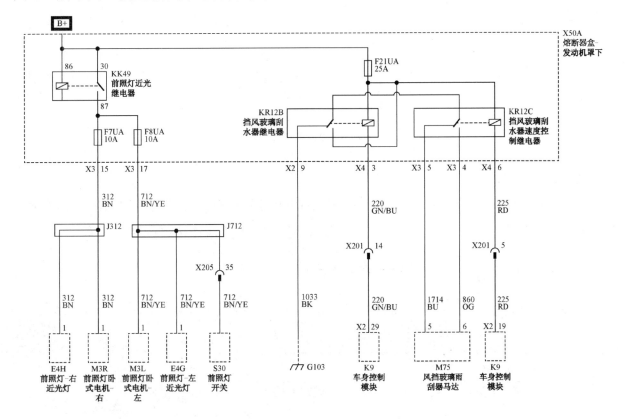

图 1-4 五菱宝骏汽车电源分布示意图（局部）

4. 电路的三种状态

1）通路（闭路）

通路（闭路）就是电源和负载构成了闭合回路，开关 SA 闭合时的工作状态即为通路状态。通路状态的分类如图 1-5 所示。

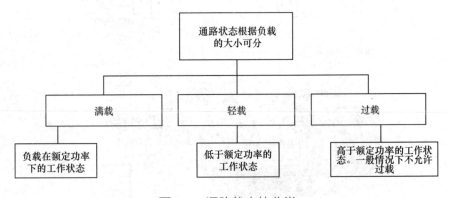

图 1-5 通路状态的分类

2）断路

断路（开路）就是电源和负载未构成闭合回路，此时电路中无电流通过。开路电路图如图1-6所示。

图1-6 开路电路图

3）短路

短路就是电源未经负载而直接由导体接通构成闭合回路。短路电路图如图1-7所示。*A*、*B*两点间处于短路状态，这时电流不流过灯泡而经由短路点构成回路。

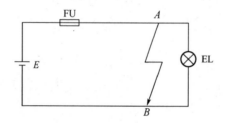

图1-7 短路电路图

4）汽车上的短路保护

当电路发生短路或电流超过电气设备的额定电流时，为了防止导线和电气设备因过热而烧毁，现代汽车电路中都装有短路保护装置，如图1-8所示。

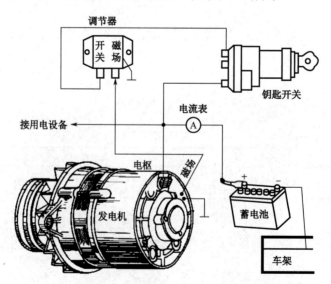

图1-8 短路保护装置图

在汽车上，由于采用单线制，因而，当连接电气设备的火线或电气设备中线圈导线的绝缘损坏，使裸导体直接与发动机或车体的金属部分相碰时，也会造成短路。通常把这种火线碰铁的短路故障称为搭铁故障。

5）汽车电路的基本原则

电路包含了很多部件，大部分车辆电气系统都由如下几部分组成。

（1）电源：蓄电池和交流发电机。

（2）保护装置：熔断器和断路器。

（3）控制装置：开关和继电器。

（4）负载：灯泡和电动机。

（5）导体：电缆和导线。

（6）地线：通常为车辆底盘。

所有电路均必须形成完整的回路。无论路径的数量多少或者部件的位置在哪里，电流必须在一个封闭的回路中流动，从蓄电池的正极端子，通过部件到地线，最终返回到蓄电池的负极端子。汽车线路连接图如图 1-9 所示。

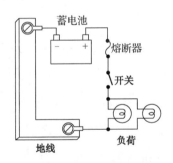

图 1-9 汽车线路连接图

6）汽车线束及颜色

汽车线束是汽车电路网络的主体，在汽车的整个构造中有着不可或缺的重要地位，没有线束也就不存在汽车电路。目前，不管是高档汽车还是经济型汽车，线束编成的形式基本上是一样的，都是由电线、联插件和包裹胶带组成的。

从功能上来分，汽车线束有运载驱动执行元件（作动器）电力的电力线和传递传感器输入指令的信号线两种。

电力线是运送大电流的粗电线，而信号线是不运载电力的细电线（光纤通信）。比如：信号电路用的导线截面积为 0.3mm^2、0.5mm^2；电动机、执行元件用的导线截面积为

$0.85mm^2$、$1.25mm^2$；电源电路用的导线截面积为 $2mm^2$、$3mm^2$、$5mm^2$；而特殊电路（起动机、交流发电机、发动机接地线等）用的导线截面积则有 $8mm^2$、$10mm^2$、$15mm^2$、$20mm^2$等多种规格。

随着汽车电器的增多，导线数量也不断增加。为了便于维修，低压导线常以不同颜色来区分，其中横截面积在 $4mm^2$ 以上的采用单色，$4mm^2$ 以下的采用双色，搭铁均用黑色。图 1-10 所示为导线颜色代码。

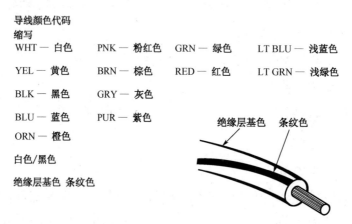

图 1-10　导线颜色代码

7）数字万用表

数字万用表是汽车上常用的测量电路的仪器，万用表在使用之前要进行自检，如图 1-11 所示，确定万用表完好之后才能使用。具体使用方法如下。

（1）数字万用表的检查。

① 将表笔插入相应的插孔中，打开万用表开关。

② 将万用表的功能开关置于蜂鸣挡，短接两表笔，若万用表发出蜂鸣声则表示万用表可以使用，否则万用表就不能使用。

图 1-11　万用表自检

（2）电阻的测量。

① 将功能/量程开关置于所需电阻（Ω）的量程范围。

② 将黑表笔插入 COM 插孔中，红表笔插入 VΩ 插孔中，将测试表笔跨接在被测电阻两端。图 1-12 所示为测量电阻。

图 1-12 测量电阻

（3）线路测试。

① 将万用表的功能开关置于蜂鸣挡。

② 将黑表笔插入 COM 插孔中，红表笔插入 VΩ 插孔中，将测试表笔跨接在被测线路上，可以判断该线路是否存在搭铁。图 1-13 所示为测试线路。

图 1-13 测试线路

（4）直流电压的测量。

① 将功能/量程开关置于直流电压挡（DCV 量程范围）。

② 测量电压如图 1-14 所示。将黑表笔插入 COM 插孔中，红表笔插入 VΩ 插孔中，将表笔并联接在被测负载或信号源上，仪表在显示电压读数的同时会指示出红表笔的极性。数值可以直接从显示屏上读取，若显示为"1"，则表明量程太小，否则就要加大量程后再测量。若在数值左边出现"−"，则表明表笔极性与实际电源极性相反，此时红表笔接的是负极。

图 1-14　测量电压

💡 **注意**

使用数字万用表的注意事项。

（1）使用数字万用表之前，应仔细阅读说明书，熟悉面板结构作用，以免使用中发生错误。

（2）测量前，应校对量程开关位置及两表笔所插的插孔，确认无误后再进行测量。

（3）测量前若无法估计被测量的大小，则应先用最高量程测量，再根据测量结果选择合适的量程。

（4）严禁测量高压或大电流时拨动量程开关，以防止产生电弧，烧毁开关触点。

（5）当使用数字万用表电阻挡测量晶体管、电解电容器等元器件时，应注意，红表笔插入 VΩ 插孔中，带正电；黑表笔插入 COM 插孔中，带负电。

（6）由于数字万用表的频率特性较差，故只能测量 45～500Hz 范围的正弦波电量的有效值。

（7）严禁在被测线路带电的情况下测量电阻，以免损坏仪表。

（8）若将电源开关拨至 ON 位置，液晶屏无显示，则应检查电池是否失效，或熔断器是否烧断。

🔲 汽车电气设备的构成

汽车上电气设备很多，可划分为以下 8 个部分。

（1）电源系：由蓄电池、发电机和调节器等组成，是汽车的低压电源。

（2）启动系：主要由起动机和继电器组成，其任务是启动发动机。

（3）点火系：主要由点火线圈、分电器和火花塞等组成，其功能是将低压电转变为高压电,产生电火花,点燃气缸中的可燃混合气。现代汽车发动机上使用的点火系统大致可分为传统触点式点火系统、电子点火系统和计算机控制点火系统三种。

（4）照明及信号装置：包括各种照明和信号灯、喇叭及蜂鸣器等，其任务是确保车内外照明和保证在各种运行条件下的人车安全。

（5）仪表：有电流表、机油压力表、水温表、燃油压力表、车速里程表和发动机转速表等。汽车仪表正向数字化、屏幕化发展，属于汽车的检测设备。

（6）舒适系统：主要有暖风机、空调和音响视听装备等，其任务是为驾驶员和乘客提供良好的工作条件和舒适安逸的环境。

（7）微机控制系统：包括发动机变速中心、车辆行驶中心和驾驶员信息中心三大类。目前已经进入实用阶段的电子控制装置有电子控制燃油喷射系统、电子控制点火系统、电子控制自动变速箱和电子防抱死自动装置。

（8）辅助电器：包括电动刮水器、电动汽油泵、风窗清洗装置、电动玻璃、电动座椅和防无线电干扰设备等。

三、 汽车电路的特点

汽车种类繁多，电气设备十分复杂，但其基本原理是相同的，电气的特点也基本一致，可用 16 字来概括，即"两个电源、低压直流、并联单线、负极搭铁"。

（1）两个电源：即蓄电池和发电机。蓄电池主要在汽车启动时供电。发电机是主要电源，它在汽车正常运行时向用电设备供电，同时还给蓄电池充电。

（2）低压直流：汽车用电源电压有 6V、12V 和 24V 三种，以 12V 和 24V 为多。直流主要是从蓄电池充、放电角度来考虑的。

（3）并联单线：汽车上的所有用电设备跟交流电系一样，均采用并联，所不同的是汽车电系的电压低，属于安全电压。发动机、底盘等金属可成为各种电器的一条公用线路，这样由电器到电源就只需一条导线了，这就是所谓的单线制。

（4）负极搭铁：汽车电气系统采用单线制时，电源负极与车身连接。

点火开关的挡位一般是 LOCK、ACC、ON、START（高档车略有不同），点火开关位置图如图 1-15 所示。各个挡位的功能如下。

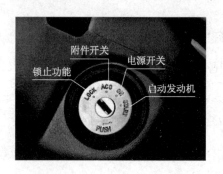

图 1-15　点火开关位置图

LOCK：发动机停止并且方向盘被锁定，只有该位置才能取下钥匙。

ACC：通过点火开关控制，点火钥匙旋到该挡时受该挡控制的用电设备均能操作，此挡位一般实现的用电器功能有电调座椅、音响系统、雨刮喷水系统、点烟器、座椅加热、电动天窗等。

ON：内部分为 IG1 和 IG2 两个挡位，正常的驾驶位置，除去起动机外其他受点火开关控制的设备均处于工作状态。IG1 挡位的用电器功能有后视镜调节、组合仪表、安全气囊、定速巡航系统、倒车成像、大灯及各控制系统（ECU、ABS、TCS、BCM、轮胎压力、电动转向等）的控制电源。IG2 挡位的用电器功能有电加热除霜、空调鼓风机等。

START：启动发动机，释放后钥匙将回到 ON 挡，在此位置时 ACC 挡和 IGN2 挡的负载断电，以保证有足够的电量用于启动。

1. 点火开关的正确使用方法

钥匙插进点火开关后，在每个挡位做 1～2 秒钟的瞬间停留，这时能听见电器设备通电的声音，再进入下一个挡位就可以了。有的车是可以直接进入 ON 位置，之后等待电器各方面全面启动后，6～7 秒的时间后，再扭转钥匙到 START 状态直接打火。

2. 点火开关电路图

点火开关电路图如图 1-16 所示。

	B+	ACC	IG1	IG2	START
LOCK					
ACC	●	●			
ON	●		●	●	
START	●		●	●	●
	1	2	3	4	5

图 1-16　点火开关电路图

3．点火开关的工作过程

（1）当点火开关打到 LOCK 挡时，1 至 5 号导线互不相通。

（2）点火开关打到 ACC 挡时，1 号导线与 2 号导线相通，此时电源通过 ACC 触点向辅助电器供电，3、4、5 号导线不通电。

（3）点火开关打到 ON 挡时，1、2、3、4 号导线相连通，电源通过 ON 触点向全车电器供电（不包括启动电路）。

（4）点火开关打到 START 挡时，1、3、4、5 号导线相连通，辅助电器停止供电，电源通过 START 触点向全车电器供电，同时提供启动信号。

四、蓄电池

蓄电池是一种化学电源，靠其内部的化学反应来储存电能或向用电设备供电。目前燃油汽车上使用的蓄电池主要有两大类，即铅酸蓄电池（以下简称铅蓄电池）和镍碱蓄电池。由于人们对燃油汽车排放要求的提高和能源危机的冲击，各国正在不断探索和研制电动汽车，其主要的动力源为新型高能蓄电池。

1．汽车蓄电池型号识别

蓄电池的型号由三部分组成，各部分之间用短线分开。

（1）第一部分为串联单格电池数，用阿拉伯数字表示。

（2）第二部分为电池类型和特征，常用汉字的第一个字母表示。电池特征为附加部分，仅在同类用途的产品中具有第二种特征，其中 A 表示干荷电、H 表示湿荷电、W 表示免维护、S 表示少维护、Q 表示启动、I 表示胶质电解液。

（3）第三部分为电池的额定容量，其单位是 A·h，一般在型号中可略去不写，有时在额定容量后面用一个字母表示特殊性能，其中 G 表示高起功率、S 表示塑料外壳、D 表示低温启动性能。

例如，6-QW-120R 型蓄电池，由 6 个单格电池组成，额定电压为 12V（6×2V=12V），额定容量为 120A·h 的启动用免维护铅蓄电池，具有低温启动的性能，如图 1-17 所示。

1）铅蓄电池

铅蓄电池由于结构简单、价格便宜、内阻小且可以在短时间内供给起动机强大的启动电流而被广泛采用。铅蓄电池又可以分为普通铅蓄电池、干荷电铅蓄电池、湿荷电铅蓄电池和免维护铅蓄电池。铅蓄电池的特点如表 1-2 所示。

图 1-17   6-QW-120R 型蓄电池

表 1-2   铅蓄电池的特点

类型	特点
普通铅蓄电池	新蓄电池的极板不带电，使用前需按规定加注电解液并进行初充电，初充电的时间较长，使用中需要定期维护
干荷电铅蓄电池	新蓄电池的极板处于干燥的已充电状态，电池内部无电解液。在规定的保存期内，如需使用，只需按规定加注电解液，静置 20～30 min 即可使用，使用中需要定期维护
湿荷电铅蓄电池	新蓄电池的极板处于已充电状态，蓄电池内部带有少量电解液。在规定的保存期，如需使用，只需按规定加注电解液，静置 20～30min 即可使用，使用中需要定期维护
免维护蓄电池	使用中不需维护，可用 3～4 年不需补加蒸馏水，极柱腐蚀极少，自放电少

2）免维护蓄电池

免维护蓄电池又称 MF 蓄电池，也属于铅蓄电池，免维护是指在汽车合理使用期间，不需要对蓄电池进行加注蒸馏水、检测电解液液面高度和检测电解液密度等维护作业。

免维护蓄电池的特点如下。

（1）栅架材料采用铅钙合金，既提高了栅架的机械强度，又减少了蓄电池的耗水量和自放电。使用过程中不需补加蒸馏水（一般可用 3～4 年）。

（2）采用了袋式微孔聚氯乙烯隔板，将正极板装在隔板袋内，既可避免正极板上的活性物质脱落，又能防止极板短路，因此壳体底部不需要凸起的肋条，降低了极板组的高度，增大了极板上方的容积，使电解液贮存量增多。

（3）自放电少，仅为普通蓄电池的 1/8～1/6，因此可以较长时间（一般为 2 年）湿储存。

（4）内阻小，具有较高的放电电压和较好的启动性能，耐过充电性能好，极柱无腐蚀或腐蚀极轻。

（5）耐热、耐震性好，使用寿命长。使用寿命一般在 4 年以上。

（6）蓄电池内部安装有电解液密度计，可自动显示蓄电池的存电状态和电解液液面的高低。若密度计的观察窗呈绿色，则表明蓄电池存电充足，可正常使用；若显示深绿色或黑色，则表明蓄电池存电不足，需补充充电；若显示浅黄色，则表明蓄电池已接近报废。电池观察孔如图 1-18 所示。

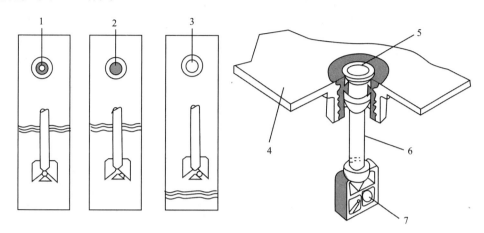

1—绿色（充电程度为 65% 或更高）；2—黑色（充电程度低于 65%）；3—浅黄色（蓄电池有故障）；
4—蓄电池盖；5—观察窗；6—光学的荷电状况指示器；7—绿色小球。

图 1-18　电池观察孔

（7）采用了新型安全通气装置和气体收集器，在孔盖内部设置了一个氧化铝过滤器，可阻止水蒸气和硫酸气体通过，同时又可以使氢气和氧气顺利逸出。通气塞中装有催化剂钯，可促使氢、氧离子重新结合成水回到蓄电池中。

蓄电池是一种可逆的低压直流电源，它既能将化学能转化为电能，也能将电能转换为化学能。蓄电池的安装位置如图 1-19 所示。

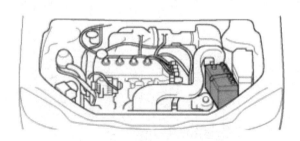

图 1-19　蓄电池的安装位置

蓄电池可分为碱性蓄电池和酸性蓄电池两大类，其主要用于启动发动机，汽车上一般采用铅蓄电池。汽车上装有蓄电池与发电机两个直流电源，全车用电设备均与直流电源并联连接。蓄电池的电气连接图如图 1-20 所示。

蓄电池的作用有如下几点。

① 发动机启动时，向起动机和点火系统供电。

② 发动机低速运转时，向用电设备和发电机磁场绕组供电。

③ 发动机中、高速运转时，将发电机剩余电能转化为化学能储存起来。

④ 发电机过载时，协助发电机向用电设备供电。

⑤ 蓄电池相当于一个大电容器，能吸收电路中出现的瞬时过电压，保护电子元件，保持汽车电气系统电压稳定。

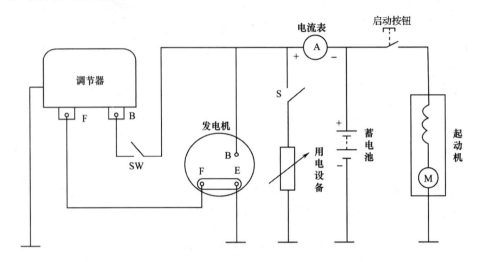

图 1-20 蓄电池的电气连接图

2．蓄电池的基本结构

蓄电池主要由正极板、负极板、隔板、穿壁连接、外壳、汇流条、正极柱、负极柱及加液孔盖等部分组成，其结构图如图 1-21 所示。额定电压 12V 的蓄电池由 6 个单格电池串联而成，每单格电池的额定电压为 2V。

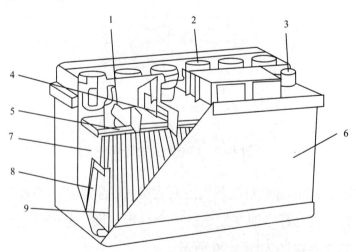

1—负极柱；2—加液孔盖；3—正极柱；4—穿壁连接；5—汇流条；
6—外壳；7—负极板；8—隔板；9—正极板。

图 1-21 蓄电池结构图

3．蓄电池的工作原理

蓄电池的工作原理就是化学能与电能的互相转化。当蓄电池将化学能转化为电能而向外供电时，称为放电过程；当蓄电池与外界直流电源相连将电能转化为化学能存储起来时，称为充电过程。

1）放电过程

当蓄电池有充足电量时，正极板上的活性物质是二氧化铅，负极板上的活性物质是纯铅，在电解液（纯硫酸+蒸馏水）的作用下，发生以下化学反应

$$PbO_2+2H_2SO_4+Pb \rightarrow PbSO_4+2H_2O+PbSO_4$$

反应前：正极（二氧化铅）、电解液（硫酸）、负极（纯铅）。

反应后：正极（硫酸铅）、电解液（水）、负极（硫酸铅）。

如果电路不中断，上述化学反应将持续进行，铅酸电池的反应原理如图 1-22 所示。电解液中的硫酸因氢离子和硫酸根离子的迁移而被消耗，生成水，所以放电后电解液的密度是逐渐下降的，这个过程一直进行到化学反应不能再继续进行为止。

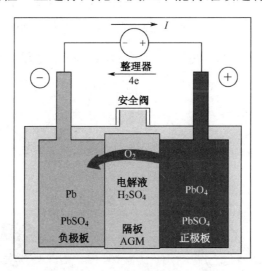

图 1-22　铅酸电池的反应原理

2）充电过程

如果把放电后的蓄电池与一直流电源连接，使蓄电池正极接直流电源的正极，蓄电池的负极接直流电源的负极。当外加电源电压高于蓄电池电动势时，电流将以与放电电流相反的方向流过蓄电池，使蓄电池正、负极发生与放电相反的化学反应

$$PbSO_4+2H_2O+PbSO_4 \rightarrow PbO_2+2H_2SO_4+Pb$$

反应前：正极（硫酸铅）、电解液（水）、负极（硫酸铅）。

反应后：正极（二氧化铅）、电解液（硫酸）、负极（纯铅）。

充电时，正极板外加电流将两个电子经外电路输送到负极板，正极板上原二价铅离子因失去两个电子而成为四价铅离子，再与水反应生成二氧化铅（附着在正极板上）。而在负极板上，由于得到两个电子与原二价铅离子结合生成纯铅（附着在负极板上）。与此同时，从正、负极上电离出来的硫酸根离子则与水中氢离子结合生成硫酸。所以充电时，水被消耗，电解液密度上升，在充电过程中，上述化学反应不断进行。当充电进行到极板上的物质和电解液完全恢复到放电前的状态时，又可向外供电。

蓄电池的容量是在规定的条件下，充足电的蓄电池所能输出的电量，单位是 A·h。

4．蓄电池的维护

（1）保持蓄电池外表面的清洁干燥，及时清除极柱和电缆卡子上的氧化物，并确定蓄电池极柱上的电缆连接牢固。

图 1-23 所示为蓄电池的清洁。清洗蓄电池极柱时，最好从车上拆下蓄电池，用苏打水溶液冲洗整个壳体，然后用清水冲洗蓄电池并用纸巾擦干，如图 1-23（a）所示。清洗蓄电池托架时，可先用腻子刀刮净厚腐蚀物，然后用苏打水溶液清洗托架，之后用水冲洗并用压缩空气吹干。托架用压缩空气吹干后，涂上防腐漆，如图 1-23（b）所示。

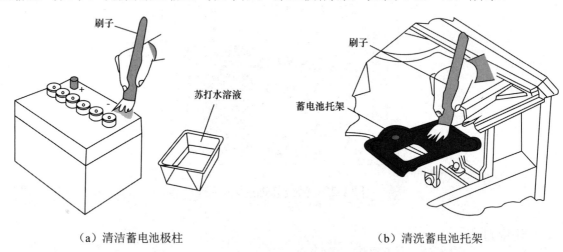

（a）清洁蓄电池极柱　　　　　　　　　　（b）清洗蓄电池托架

图 1-23　蓄电池的清洁

清洗极柱和电缆卡子时，可先用苏打水溶液清洗，再用专用清洁工具进行清洁，如图 1-24 所示。清洗后，在电缆卡子上涂上凡士林或润滑油防止腐蚀。

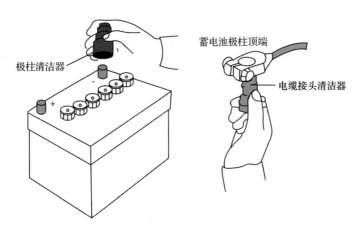

极柱清洁器

蓄电池极柱顶端

电缆接头清洁器

图 1-24 清洗极柱和电缆卡子

 注意

清洗蓄电池之前，要拧紧加液孔盖，防止苏打水进入蓄电池内部。

（2）保持加液孔盖上通气孔的畅通，定期疏通。

（3）定期检查并调整电解液液面高度，液面不足时，应补加蒸馏水。

（4）汽车每行驶 1000km、夏季行驶 5～6 天或冬季行驶 10～15 天，应用密度计或高率放电计检查一次蓄电池的放电程度，当冬季放电超过 25%、夏季放电超过 50% 时，应及时将蓄电池从车上拆下进行补充充电。

（5）根据季节和地区的变化及时调整电解液的密度。冬季可加入适量密度为 $1.40g/cm^3$ 的电解液，以调高电解液的密度（一般比夏季高 $0.02～0.04g/cm^3$ 为宜）。

（6）冬季向蓄电池内补加蒸馏水时，必须在蓄电池充电前进行，以免水和电解液混合不均而引起结冰。

（7）在冬季蓄电池应经常保持在充足电的状态，以防电解液密度降低而结冰，引起外壳破裂、极板弯曲和活性物质脱落等故障。

5. 蓄电池的检修

1）检查蓄电池电解液密度

电解液密度的大小，是判断蓄电池容量的重要标志。测量蓄电池电解液密度时，蓄电池应处于稳定状态。蓄电池充、放电或加注蒸馏水后，应静置半小时后再测量。

蓄电池充电状态与密度的关系如表 1-3 所示。

表 1-3 蓄电池充电状态与密度的关系

充电状态/%	100	75	50	25	0
电解液相对密度/（g/cm³）	1.27	1.23	1.19	1.15	1.11

用吸式密度计测量电解液密度的过程如图 1-25 所示。测得的密度值应用标准温度（+25℃）予以校正（同时测量电解液温度）。

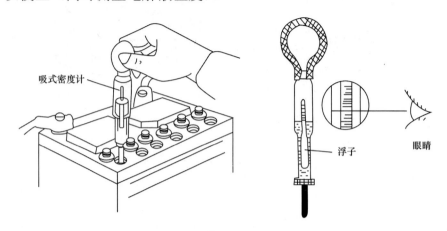

吸式密度计　　浮子　　眼睛

图 1-25　用吸式密度计测量电解液密度的过程

通过电解液密度测量，如图 1-26 所示，可以确定蓄电池是否失效。如果单格电池之间的密度相差 0.05g/cm³，则该电池失效。

2）检测蓄电池电解液液面高度

（1）用玻璃管测量法测量液面高度，如图 1-27 所示。主要工具为内径为 3～5mm 的玻璃管。液面高度标准值为 10～15mm。

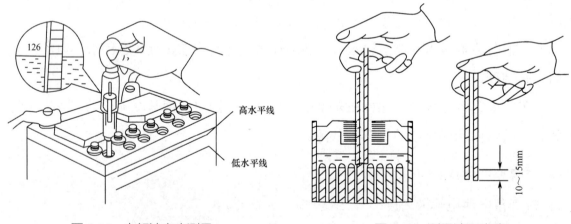

126　　高水平线　　低水平线　　10～15mm

图 1-26　电解液密度测量　　　　　图 1-27　测量液面高度

（2）观察液面高度指示线法。液面高度实物图如图 1-28 所示。正常液面高度应介于两线之间，液面过低时，应加入蒸馏水补充，以恢复正常的液面高度。除非确知电解液溅出，否则不许添加硫酸溶液。

图 1-28　液面高度实物图

3）模拟启动放电检修

对于技术状态良好的蓄电池，当以启动电流或规定的放电电流连续放电 15s 时，端电压应不低于规定值。

蓄电池检测仪的电流按表 1-4 所示的范围确定。

表 1-4　蓄电池检测仪的电流选择

蓄电池容量/Ah	放电电流/A	放电时间/s	端电压/V
>100	200～300	15	10.2
50	100～170	15	9.6
30	70～120	15	9.0

蓄电池检测仪的具体操作步骤如下。

（1）将电流调节旋钮逆时针旋转至切断放电电路。

（2）将电流检测电缆上正（红）、负（黑）夹夹到蓄电池正、负极柱上。

（3）将电压检测线上正（红）、负（黑）夹夹到蓄电池正、负极柱上。

（4）顺时针转动电流调节旋钮至规定放电电流，放电 15s。

（5）观察电压表指针位置，判断蓄电池技术状况，如表 1-5 所示。

表 1-5　判断蓄电池技术状况

指针位置	蓄电池状态
蓝色区域	端电压高于 9.6V，状态良好
红色区域	端电压低于 9.6V，存电不足
不稳定或电流急剧减小至 0	蓄电池故障

（6）逆时针转动电流调节旋钮，停止放电。

高率放电计实物图如图 1-29 所示。

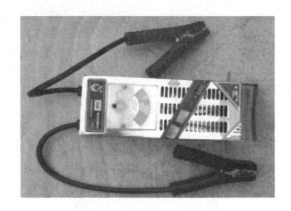

图 1-29 高率放电计实物图

图 1-30 所示为高率放电计测量电压图。将两放电针压在蓄电池正、负极柱上，保持 5s，若电压稳定，则根据表 1-6 所示的内容来判断放电程度。一般技术状况良好的蓄电池，用高率放电计测量时，单体蓄电池电压应在 1.5V 以上，并在 5s 内保持稳定；如果 5s 内电压迅速下降，或某一单体蓄电池的电压比其他单体蓄电池的电压低 0.1V 以上时，表示该单体蓄电池有故障，应进行修理。

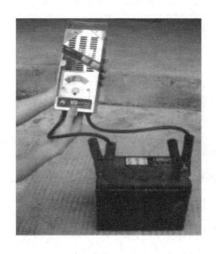

图 1-30 高率放电计测量电压图

表 1-6 蓄电池电压与放电程度对照表

蓄电池开路电压/V	≥12.6	12.4	12.2	12.0	≤11.7
高率放电计检测蓄电池电压/V	11.6～10.6	9.6～10.6		≤9.6	
高率放电计（100A）检测单格电压/V	1.7～1.8	1.6～1.7	1.5～1.6	1.4～1.5	1.3～1.4

注：测 12V 电池，蓄电池充满电，密度为 1.24g/cm³，接入时间 10～15s；

电压能保持在 10.5～11.6V 及以上，存电量为充足，蓄电池无故障；

电压能保持在 9.6～10.5V，存电量为不足，蓄电池无故障；

电压降到 9.6V 以下，存电量严重不足或蓄电池有故障。

6．蓄电池的储存

蓄电池的储存方法有湿储存和干储存两种，应根据蓄电池储存的时间长短进行选择。

1）湿储存法

暂时不使用（1～6个月）的蓄电池，可选用湿储存。其方法是将蓄电池充足电，电解液密度和液面高度调到规定值，封闭加液孔盖上的通气孔，置于阴凉通风的室内。在储存期间，应定期（至少每月一次）检查电解液相对密度、液面高度和放电程度。如容量降低25%时，应立即进行补充充电。交付使用前也应先充足电。

2）干储存法

停用时间较长（6个月以上）的蓄电池，最好选用干储存法储存，即将蓄电池以20h放电率完全放电，倒出电解液，用蒸馏水反复冲洗至无酸性，倒尽水分，晾干后旋紧加液孔盖并将通气孔密封后储存。重新启用时，以新电池对待。

3）新蓄电池的储存

未启用的新蓄电池，其储存方法与储存时间以出厂说明书为准。当运输、保管等情况均符合厂方要求时，一般铅蓄电池保管期限为2年（自出厂之日算起），干荷电铅蓄电池则只能储存1～1.5年。

4）蓄电池保管应符合的条件

（1）应储存在室温为5～40℃的干燥、清洁及通风良好的室内。

（2）应不受阳光直射，离热源距离不少于2m。

（3）避免与任何液体和有害物质接触。

（4）不得倒置、卧放，间距应在10cm以上；严禁机械冲击与重压。

7．蓄电池的充电方法

蓄电池的充电方法有定流充电法、定压充电法和快速（脉冲）充电法。充电时，必须根据蓄电池的不同状况及所使用的充电设备等，正确地选择适宜的方法，这样不仅能提高工作效率，还可以延长蓄电池和充电设备的使用寿命。

1）定流充电法

在充电过程中，充电电流 I_c 保持恒定的充电方法，称为定流充电法。定流充电法的接线图如图1-31所示。由于充电电流 $I_c=(U_c-E)/R$，所以随着蓄电池的电动势 E 的升高，要保持充电电流 I_c 恒定，必须逐步提高充电电压 U_c。当每单格电池的端电压升高到2.4V时开始冒出气泡，应将充电电流减少一半，直到蓄电池完全充足电为止。

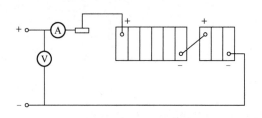

图 1-31　定流充电法的接线图

采用定流充电法时，被充电的蓄电池不论是 6V 或 12V 都可串联在一起。充足电时，每个单格电池需要 2.7V，故串联的单格电池总数不应超过 $n=U_e/2.7$（U_e 为充电机的额定电压），则串联的 6V 蓄电池的数目为 $U_e/(2.7×3)$，串联的 12V 蓄电池的数目为 $U_e/(2.7×6)$。充电时，所串联的蓄电池容量最好相同，否则充电电流的大小必须先按照容量最小的蓄电池来选定。当小容量的蓄电池充足电后，再继续给大容量的蓄电池充足电。

定流充电法有较大的适应性，可以任意选择和调整充电电流，因此可对各种不同状况的蓄电池充电，如新蓄电池的初充电、补充充电及去硫化充电等均可采用这种方法。高电压小电流型的充电机较适宜选定流充电法。

定流充电法的主要缺点是充电时间长。

2）定压充电法

在充电过程中，加在蓄电池两端的充电电压 U_c 始终保持恒定的充电方法，称为定压充电法。定压充电法的接线图如图 1-32 所示。

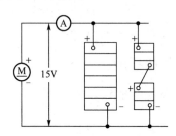

图 1-32　定压充电法的接线图

由于 $I_c=(U_c-E)/R$，因此在定压充电开始时，充电电流很大。此后随蓄电池电动势 E 的增大，充电电流 I_c 逐渐减小，至充电结束时，充电电流 I_c 将自动降到零。这样，在充电过程中无须专人照管，不需要调节。另外，采用定压充电法时，刚开始充电电流很大，充电后 4～5h 内蓄电池就可以获得本身容量 90%～95%的电量，因而可大大缩短充电时间，所以定压充电法较适合于蓄电池在汽车、拖拉机上的充电。一些汽车维修厂家也采用定压充电法对蓄电池进行补充充电，以缩短充电时间。由于定压充电法不能调整充电电流的大小，所以不能用于蓄电池的初充电，也不能用来消除硫化，并且要求所有充电的蓄电池电

压必须相同才行。

采用定压充电法时，充电电压必须调整适当。充电电压过高，不仅会使充电初期充电电流过大，还会发生过充电现象；过低，则蓄电池充电不足。一般每个单格按 2.3～2.5V 来选取。6V 蓄电池的充电电压为 6.9～7.5V，12V 蓄电池的充电电压为 13.8～15V。

3）脉冲充电法

脉冲充电法就是先用较大的电流（28.8～36A）进行定流充电，使蓄电池在较短的时间内充到额定容量的 50%～60%。即当蓄电池单个电压升到 2.4V 开始冒气泡时，在控制电路的作用下开始进行脉冲充电，即先停止充电若干毫秒（一般为 25～40ms），接着再放电（反充电），使蓄电池反向通过一个较大的脉冲电流（脉冲深度为充电电流的 1.5～3 倍，脉冲宽度为 150～1000μs），接着再停止放电（约 25ms），以后的充电过程一直按正脉冲充电→停冲→负脉冲瞬时放电→停冲→正脉冲充电的过程循环进行。

脉冲充电法的优、缺点如下。

（1）充电时间大为缩短。

（2）可以增加蓄电池的容量。

（3）去硫化效果显著。

（4）采用脉冲充电法时，蓄电池析出的气体总量虽有所减少，但出气率高，对活性物质的冲刷力强，易使活性物质脱落。因此，对蓄电池的寿命会有一定的影响。

8．蓄电池的充电种类

1）初充电

它是指对新启用的或极板换新检修后的蓄电池进行的第一次充电。初充电对蓄电池的性能和寿命影响很大，必须认真进行。初充电的特点是充电电流小，充电时间长，化学反应充分。其操作步骤如下。

（1）加注电解液。按制造厂规定，配置并加注一定密度的电解液，放置 4～6h，使极板充分浸透，将液面调整到规定高度。

（2）接线。按定流充电法将被充蓄电池串联起来，然后将蓄电池的正极柱接充电机输出端正极，蓄电池的负极柱接充电机输出端负极。

（3）进行充电。充电过程通常分两个阶段进行。第一阶段先根据蓄电池型号中 20h 放电率额定容量值 C_{20}（注：C_{20} 为 20h 放电率额定容量，即 36A），用约 $0.05 C_{20}A$（1.8A）的电流充电，待电解液中有气泡冒出，单格电池电压达到 24V 以上时，转入第二阶段，改用 $0.03 C_{20}A$（1.08A）的电流充电，一直充至电解液中剧烈冒出气泡，密度和端电压达到最大值，且连续 2～3h 内稳定不变为止，整个充电时间为 60～70h。

（4）调整电解液相对密度和液面高度。在进行初充电时，由于水的电解，使电解液的液面降低，相对密度也会发生变化，充好电的蓄电池，必须按规定检查并调整电解液的相对密度和液面高度。当密度高于规定值时，应适当吸出一部分电解液，加入适量的蒸馏水；反之，添加一部分相对密度为1∶4的电解液（严禁将浓硫酸直接倒入蓄电池中）。调整电解液液面高度使其达到规定值，再充电30min，使其混合均匀。如不符合要求，应反复调整几次，直到调好为止。

新蓄电池初充电后，达不到额定容量时，应进行充放电循环，即用20h放电率放至单格电池电压降到1.75V为止，再用补充充电电流（$I_c=0.1C20A$）充足电，进行一次充放电循环，测定其容量。若容量仍低于额定容量的90%，则应再进行一次充放电循环。新蓄电池一般经过三次充放电循环后，其容量即可达到额定容量的100%。

2）补充充电

补充充电是指对使用中的蓄电池在无故障的情况下，为保持和恢复其额定容量而进行的正常保养性充电。

由于蓄电池在汽车上使用时，常有充电不足的现象（特别是从事短途运输的车辆）应根据需要进行定期补充充电。一般来说汽车的蓄电池应每1～2个月从车上拆下进行一次补充充电。使用中如发现下列现象之一时，必须随时进行补充充电。

（1）电解液相对密度降到1.20（20℃）以下。

（2）冬季放电超过25%，夏季放电超过50%。

（3）单格电池电压低于1.70V。

（4）灯光比平时暗淡，起动机无力（非起动机故障）。

此外，蓄电池放置时间超过1个月，应进行补充充电，以补偿自放电损失；当电解液消耗过多补充大量蒸馏水后，也应及时进行补充充电。

补充充电仍采用定流充电法，分两阶段进行。先以$I_c=0.1\ C20A$（3.6A）的电流充电，待单格电池电压达到2.4V以上，蓄电池中有气泡冒出时，改用$I_c=0.05\ C20A$（1.8A）的电流充电直至充足为止。

补充充电的主要特点是充电电流较大，充电时间短。

3）间歇过充电

间歇过充电是为避免使用中的蓄电池发生极板硫化的一种预防性充电，故又称为防硫化充电。汽车用蓄电池应每隔3个月进行一次间歇过充电。

间歇过充电的方法是：先按补充充电的方法和电流值将蓄电池充足电，停歇1h后，用1/2的补充充电电流值进行过充电直至"沸腾"，再停歇1h后，重新接入充电，如此反复几次，直到刚接入充电时，蓄电池立即"沸腾"时为止。

4）循环锻炼充电

循环锻炼充电是为了防止蓄电池极板钝化而进行的一种保养性充电。蓄电池在使用中常处于部分放电的状况，参加电化学反应的活性物质是有限的，为迫使使用中相当于额定容量的活性物质都能参加工作，以避免活性物质长期不工作而收缩，一般每隔 3 个月应进行一次循环锻炼充电。其方法是：先按补充充电或间歇过充电法将蓄电池充足电，再用 I_f=0.05C20A（1.8A）的放电电流（20h 放电率）连续放电至单格电池电压降为 1.75V 为止，其容量降低值不得大于 10%C20，否则应进行全冲、全放循环，直至容量达到 90%C20 以上时，方可使用。

5）去硫化充电

去硫化充电是消除蓄电池极板轻度硫化的一种排故性充电。具体步骤如下。

（1）将蓄电池按 20h 放电率放电到单格电池电压降到 1.75V 为止。

（2）倒出电解液，用蒸馏水反复冲洗几次，然后加入蒸馏水至高出极板 10～15mm，用 I_c=0.03C20A 的电流充电，并随时测量电解液的密度。当电解液密度增大到 1.15g/cm³ 时，将电解液倒出，加入蒸馏水，继续充电。如此反复多次，直到电解液密度不再继续上升为止。

（3）换用正常密度的电解液，按初充电方法将蓄电池充足电。

（4）用 20h 放电率放电，检查容量。若放电测得的容量达到额定容量的 80% 以上，则说明极板硫化已基本消除，可装车使用；若容量达不到额定容量的 80%，则说明极板硫化严重，应进行修理或报废。

9. 充电作业的注意事项

（1）严格遵守各种充电方法的操作规范。

（2）充电过程中，要及时检查记录各单格电池电解液相对密度和端电压。如发现个别单格电池的端电压和电解液密度上升比其他单格电池缓慢，甚至变化不明显时，应停止充电，查明原因，消除故障。

（3）整个充电过程中必须随时测量各单格电池的温度，以免温度过高影响蓄电池的性能。超过 35℃时，应将充电电流减半；超过 40℃时，应立即停止充电，待温度降到 35℃以下时再进行充电；再充电时若温度还继续上升到 45℃，则应停止充电并采取人工冷却法降温。

（4）初充电工作应连续进行，不可长时间中断。

（5）配置和加注电解液时，必须严格遵守安全操作规范和器皿使用规则。

（6）室内充电时，应下旋加液孔盖，使氢气和氧气能顺利逸出，以免发生事故。

（7）充电室要安装通风设备，在充电过程中，通风设备应不停地工作，以排出有害气体，防止爆炸危险及损害操作人员身体健康。

（8）充电室要严禁烟火。

（9）充电设备与被充蓄电池不应放置在同一房间内。充电时应按规定将被充蓄电池连接好，然后闭合电源开关；停止充电时，则应先切断电源开关，再拆除充好的蓄电池。导线连接务必可靠，严防产生电火花。

（10）充电间应常备自来水，10%的苏打水或10%的氨水溶液。

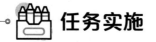 **任务实施**

 蓄电池的拆装

1．蓄电池的拆卸

（1）将点火开关置于断开（OFF）位置。

（2）拆下蓄电池固定夹板的固定螺栓，取下固定夹板。

（3）拧松蓄电池正、负极柱上的电缆接头固紧螺栓，先取下负极电缆，然后取下正极电缆。

（4）从汽车上取下蓄电池。取下蓄电池时应小心轻放，尽量用蓄电池提把提取。

（5）检查蓄电池壳体上有无裂纹和电解液渗漏痕迹，发现裂纹和渗漏应更换蓄电池。

2．蓄电池的安装步骤

（1）检查蓄电池的型号、规格是否适合该型号汽车使用。

（2）检查电解液的相对密度和液面高度是否符合技术要求，否则应予调整。

（3）按照蓄电池正、负极柱和正、负电缆端子的相对位置，将蓄电池安放到固定架上。

（4）用细砂纸或专用清洁器清洁蓄电池的接线柱及连接接线柱的夹头；在螺栓、螺母的螺纹上涂凡士林或润滑脂，以防氧化生锈。

（5）在正、负极柱及其电缆端子上涂抹一层润滑脂，以防极柱和端子氧化腐蚀。

（6）安装固定夹板，拧紧夹板固定螺栓。

3．注意事项

（1）在发动机运转情况下，严禁拆卸蓄电池。

（2）拆卸蓄电池时应使用专用的工具，尽量不要用手直接触摸有酸液的部位。

（3）拆接线柱时，先拆负极后拆正极；在接线时，先接正极，后接负极。

二、蓄电池充电

按照图 1-33 所示的方法为蓄电池充电。

（a）单个充电　　　　　（b）定流充电法　　　　　（c）定压充电法

图 1-33　为蓄电池充电

充电时的注意事项如下。

（1）连接蓄电池电缆时要注意极性，正、负极不能接反。

（2）拆蓄电池电缆时要先拆负极（搭铁）电缆。

（3）接蓄电池电缆时要后接负极电缆。

（4）严禁在蓄电池附近进行电焊或气焊作业（蓄电池充、放电过程中，会放出易燃易爆的氢气）。

（5）严禁在蓄电池附近吸烟。

（6）蓄电池充电场所要有良好的通风，充电器接通后就不要再拆、接充电器的连接导线。

（7）维护蓄电池时，不要戴首饰或手表，这些东西都是良导电体，若不小心将蓄电池正极柱与搭铁连上，电流流过它们，则会造成严重灼伤。

（8）千万不可在蓄电池上方传递工具，如碰巧跌落在两极柱上，将造成蓄电池短路从而引起爆炸。

素养与思政

本任务要求分组训练，各小组成员熟练掌握蓄电池充电规范的操作流程，力求做到精益求精，弘扬大国重器精神，在完成技能实训后观看《大国重器》等视频，讨论社会主义核心价值观。在实训过程中必须团结一致、相互合作学习，在操作过程中注意安全，要求全程实现 7S 管理。

拓展知识

锂电子电池的结构和工作原理

1. 锂电子电池的结构

锂电子电池是指电化学体系中含有锂（金属锂、锂合金和锂离子、锂聚合物）的电池。

锂电子电池通常有两种外形：圆柱形和方形。电池内部采用螺旋绕制结构，用一种非常精细且渗透性很强的聚乙烯薄膜隔离材料在正、负极间间隔而成。锂电子电池的结构如图 1-34 所示。

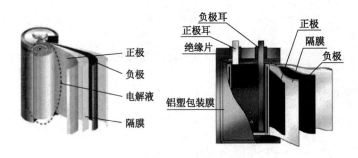

图 1-34　锂电子电池的结构

正极由钴酸锂（或镍钴锰酸锂、锰酸锂、磷酸亚铁锂等）及铝箔组成的电流收集极组成。负极由石墨化碳材料和铜箔组成的电流收集极组成。电池内充有有机电解质溶液。

2. 锂电子电池的工作原理

锂电子电池的工作原理如图 1-35 所示。在电池充电时，Li^+ 从正极脱出，经过电解质嵌入负极；电池放电时，Li^+ 则从负极脱出，经过电解质再嵌入正极。

电池的充放电过程实际上是 Li^+ 在两电极之间来回嵌入和脱出的过程，故锂电子电池也称为摇椅式电池。由于锂电子电池在正负极中有相对固定的空间和位置，因此，锂电子电池的充放电反应的可逆性很好。在充放电过程中，锂离子的反应方程式如下所示。

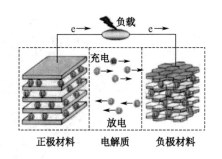

图 1-35　锂电子电池的工作原理

正极：

$$LiMO_2 \underset{放电}{\overset{充电}{\rightleftharpoons}} Li_{1-x}MO_2 + xLi^+ + xe$$

负极：

$$xC + xLi^+ + xe \underset{放电}{\overset{充电}{\rightleftharpoons}} Li_xC_x$$

总反应：

$$LiMO_2 + nC \underset{放电}{\overset{充电}{\rightleftharpoons}} Li_{1-x}MO_2 + Li_xC_n$$

3．锂电子电池的特点

1）优点

单体电压高、比能量大、自放电低、温度范围广。

安全，无公害，无记忆，无污染。

循环寿命长：一般 500 次，甚至 1000 次。

2）缺点

价格昂贵，所以目前尚不能普遍应用，但是随着技术的发展，工艺的改进及生产量的增加，锂电子电池的价格将会不断下降，应用上也会更普遍。

电动汽车电池分为蓄电池和燃料电池两大类。蓄电池适用于纯电动汽车，包括铅酸蓄电池、镍氢电池、钠硫电池、二次锂电池、空气电池、三元锂电池。目前纯电动汽车常用的电池是三元锂电池。

4．刀片电池

刀片电池是比亚迪于 2020 年 3 月 29 日发布的电池产品。该电池采用磷酸铁锂技术，刀片电池通过结构创新，在成组时可以跳过"模组"，大幅提高了体积利用率，最终达成在同样的空间内装入更多电芯的设计目标。刀片电池如图 1-36 所示。相较传统电池包，刀片电池的体积利用率提升了 50% 以上，也就是说续航里程可提升 50% 以上，达到了与高能量密度三元锂电池的同等水平。

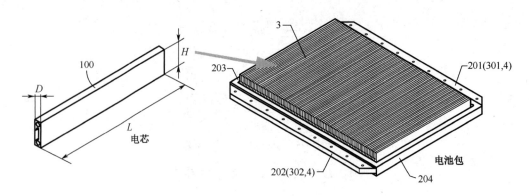

图1-36　刀片电池

 技能训练

1. 就车拆装蓄电池。

2. 蓄电池的充电。

3. 按照规范的工艺要求操作，注意安全，全程要求7S管理。

任务 **2**　发电机的构造与检修

知识目标

1. 掌握发电机的种类。

2. 掌握发电机的结构及工作原理。

3. 掌握点火开关的结构及工作原理。

能力目标

1. 能正确拆装硅整流发电机。

2. 能正确检测硅整流发电机各零部件。

3. 能利用万用表测量点火开关。

思政目标

1. 通过熟练掌握发电机拆装、检修规范的操作流程，培养学生精益求精的工匠精神。

2. 通过学生小组合作学习，培养学生爱岗敬业、团结互助的职业道德。

3. 通过观看视频《大国重器》，参加弘扬优秀传统文化的活动，培养学生的爱国情怀。

任务引入

王老板开车去出差，开到中途时发现电源故障灯点亮，于是靠边停车检查，发现电源电量不是很足，把车开到 4S 店去检查后发现是发电机不发电，更换发电机后故障排除。本任务主要介绍发电机的构造、工作原理及拆装检修等内容。

相关知识

一　发电机的类型及构造

发电机是汽车的主要电源，其功用是在发动机正常运转时（怠速以上），向所有用电设备（起动机除外）供电，同时向蓄电池充电。

汽车用的发电机可分为直流发电机和交流发电机。目前，由于交流发电机在许多方面优于直流发电机，故直流发电机已被淘汰。交流发电机按照不同的分类方法分为以下几类。

按总体结构分为以下五类。

（1）普通交流发电机又称为硅整流发电机（使用时需要配装电压调节器的发电机），如 JF132（EQ140 有用此类发电机）。

（2）整体式交流发电机（发电机和调节器制成一个整体的发电机），如别克轿车的发动机上装配的是 CS 型发电机（包括 CS—121、CS—130 和 CS—144 三种不同的型号）。

（3）带泵交流发电机。带泵交流发电机安的泵是真空泵而不是真空助力泵，真空助力泵是汽车制动系统上的。

（4）无刷交流发电机（不需要电刷的发电机），如 JFW1913。

（5）永磁交流发电机。磁极为永磁铁制成的发电机。

按整流器结构分为以下四类。

（1）六管交流发电机，如 JF1522（东风汽车有用此类发电机）。

（2）八管交流发电机，如 JFZ1542（天津夏利汽车有用此类发电机）。

（3）九管交流发电机，如 JFZ1724（日本日立、三凌、马自达汽车有用此类发电机）。

（4）十一管交流发电机，如 JFZ1913Z（奥迪、桑塔纳汽车有用此类发电机）。

按磁场绕组搭铁形式分为以下两类。

（1）内搭铁型交流发电机。磁场绕组的一端（负极）直接搭铁（和壳体相连）。

（2）外搭铁型交流发电机。磁场绕组的一端（负极）接入调节器，通过调节器后再搭铁。

按励磁方式可分为有刷励磁发电机和无刷励磁发电机两类。

有刷励磁发电机的励磁方式为他励式，其实物及解剖图如图 1-37 所示。无刷励磁发电机的励磁方式为自励式。他励式发电机的整流装置是在发电机定子上，而自励式发电机的整流装置是在发电机组的转子上。

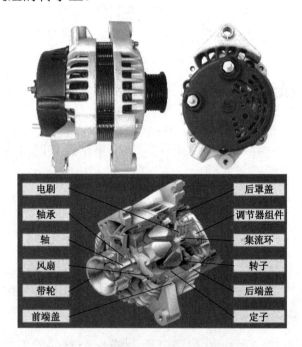

图 1-37　有刷励磁发电机实物及解剖图

1. 硅整流发电机的构造

汽车用交流发电机由三相同步交流发电机与硅二极管整流器组成，因此也叫硅整流发电机。

目前国内外生产的汽车交流发电机的结构基本相同，多是由三相同步交流发电机和由6只硅二极管构成的三相桥式全波整流器所组成的，如图1-38所示。

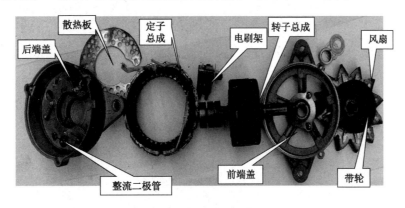

图1-38　发电机结构图

1）转子

转子的作用是产生相互交错的磁极。转子的实物及结构图如图 1-39 所示。励磁绕组的 2 根引出线分别焊在与轴绝缘的 2 个滑环上，滑环与装在后端盖上的 2 个电刷相接触。当 2 个电刷与直流电源相接时，励磁绕组中便有励磁电流通过，产生轴向磁通，使得一块爪极被磁化为 N 极，另一块爪极被磁化为 S 极，从而形成了 6 对相互交错的磁极。

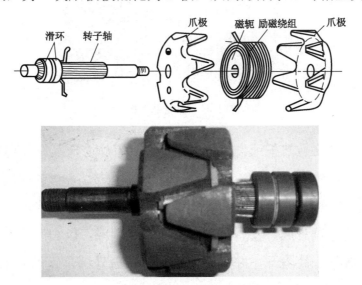

图1-39　转子的实物及结构图

2）定子

定子的作用是产生感应电动势，它由定子铁芯和定子绕组组成。定子铁芯一般由相互绝缘且内圆带嵌线槽的环状硅钢片叠成，定子绕组对称安放在定子铁芯槽内。三相定子绕组的连接方法有星形接法（简称 Y 形接法）和三角形接法（简称 △ 形接法）两种，其中汽

车用交流发电机采用星形接法较多。三相定子绕组的接法如图 1-40 所示。

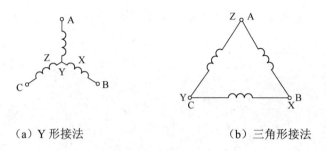

（a）Y 形接法　　　　　　　　　　（b）三角形接法

图 1-40　三相定子绕组的接法

3）整流器

整流器一般由 6 只硅二极管和二极管的散热板组成。图 1-41 所示为散热板外形。交流发电机整流器的作用是将发电机定子绕组产生的三相交流电变换为直流电。

图 1-41　散热板外形

硅二极管一般压装在散热板或发电机后端盖上，其中，压装在发电机后端盖上的 3 只硅二极管引线为负极，外壳为正极，俗称负极管子或反烧管，管壳底部用黑字标记；压装在散热板（元件板）上的 3 只硅二极管其引线为正极，外壳为负极，发电机后端盖和散热板便组成了发电机整流器总成。散热板通常由铝合金制成，以利散热，它与后端盖用尼龙或其他绝缘材料制成的垫片隔开，并用螺栓通至后端盖外部，作为发电机的输出接线柱，用"B"（"+""A"或"电枢"）表示。

4）端盖和电刷总成

交流发电机的前、后端盖均由铝合金压铸或用砂模铸造而成，这是因为铝合金为非导磁性材料，可减少漏磁，并具有轻便、散热性能良好等优点。电刷总成由 2 只电刷、电刷弹簧和电刷架组成。2 只电刷装在电刷架孔内，借电刷弹簧的压力与滑环保持接触，向发电机转子磁场绕组提供磁场电流。目前，国产交流发电机的电刷架有两种结构，一种是外装式，即电刷架可直接从发电机外部拆装；另一种为内装式，即电刷架不可以直接从发电机外部拆装。电刷与电刷架如图 1-42 所示。

（a）外装式　　　　　　（b）内装式

图 1-42　电刷与电刷架

2．硅整流交流发电机的工作原理

交流发电机产生交流电的基本原理是电磁感应原理。三相交流发电机的工作原理图如图 1-43 所示。交流发电机的转子是一个旋转磁场，当转子由发动机带轮带动旋转时，由于三相定子绕组与磁感应线有相对的切割运动，在三相定子绕组中产生感应电动势。交流发电机定子绕组内的感应电动势的大小与每相绕组串联的匝数及转子的转速有关，匝数越多，转速越高，感应电动势越高。

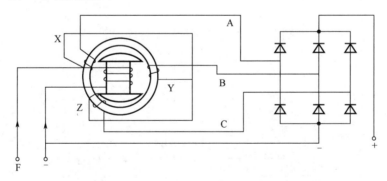

图 1-43　三相交流发电机的工作原理图

1）交流发电机的工作原理

交流发电机的工作原理图如图 1-44 所示，点火开关闭合，蓄电池给电压调节器提供触发电压。当发动机未工作或转速低时，电压调节器使充电指示灯亮且磁场绕组有电流流过（建立磁场）。当发电电压超过 13.8V 时，灯灭；当发电电压超过 14.2V 时，磁场绕组的回路断开，磁场消失，发电电压下降；当低于 13.8V 时，磁场绕组中又有电流流过，发电电压上升。这样使发电电压总维持在 13.8～14.2V 之间。

2）交流发电机的整流原理

在交流发电机中，其整流原理图如图1-45所示，其整流原理如下：由于3个正极管子（V_1、V_3、V_5）的正极分别接在发电机三相定子绕组的首端（A、B、C），而它们的负极同接在元件板上，所以在某一瞬间，哪一相的电压最高，哪一相就获得正向电压而导通。由于3个负极管子（V_2、V_4、V_6）的负极也分别接在三相定子绕组的首端，它们的正极同时接在后端盖上，所以在某一瞬间，哪一相的电压最低，哪一相的负极管子就导通。

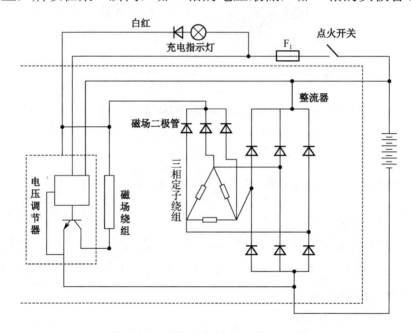

图1-44　交流发电机的工作原理图

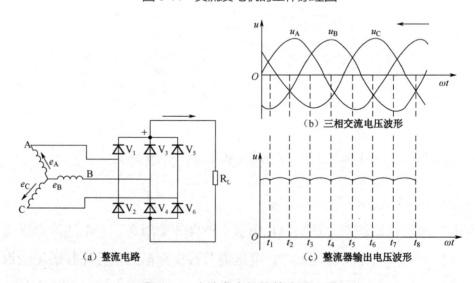

图1-45　交流发电机的整流原理图

3）汽车用交流发电机的分类

汽车用交流发电机按总体结构分为普通交流发电机、整体式交流发电机、带泵交流发电机、无刷交流发电机和永磁交流发电机。目前，柴油汽车上普遍采用带泵硅整流发电机，而汽油车上普遍采用无刷交流发电机和永磁交流发电机。

（1）带泵硅整流发电机。带泵硅整流发电机的发电机部分与普通硅整流发电机完全一样，只是转子轴较长并从后端盖中心伸出，利用伸出的发电机转子轴上的外花键与真空泵的转子内花键相连接，驱动真空泵与发电机转子同步旋转，为汽车制动系统的真空助力器或真空增压器提供真空源，主要用于没有真空源的柴油车。汽油机可直接从进气歧管处取得真空，制动时因节气门几乎全关而在进气歧管中形成高真空，而柴油机无节气门。

（2）永磁式无刷硅整流发电机。这种发电机与普通发电机不同的是转子部分，它是以永久磁场作为转子磁极而产生旋转磁场。它不仅去掉了电刷和滑环，还不需要磁场绕组和爪极。

汽车永磁交流发电机主要由风罩、整流稳压器、后端盖、定子铁芯、永磁转子、前端盖、轴承和皮带轮组成。永久磁场转子的结构图如图1-46所示。

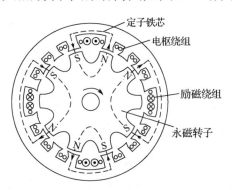

图1-46 永久磁场转子的结构图

转子常用的永磁材料有铁氧体、铝镍钴和稀土永磁材料（稀土钴、钕铁硼）等。其中钕铁硼为第四代超强永磁材料，其剩磁和矫顽力都非常高，且退磁曲线为直线，回复线与退磁曲线基本重合。另外其原料丰富。当钕铁硼材料用于车用硅整流发电机时，转子磁极采用瓦片式结构，用环氧树脂胶粘在导磁轭上，磁极之间呈鸽尾形，用胶填充。

永磁式无刷硅整流发电机具有以下几方面的优点。

① 无蓄电池发电，因其转子是永久性的磁体无须励磁电流，只要其在发动机带动下转动即可发电，节约了能源，与相同体积的励磁式发电机相比，同等情况下可获得输出的功率高出一倍，并且当汽车在行进中蓄电池损坏时，汽车的供电系统仍可正常工作，即使无蓄电池只要摇转发动机或溜车均可实现点火运行。

② 低速供电性能好，电压调整率小。低速供电时，在电磁参数相同的情况下，硅整流发电机电流为 0 时，永磁发电机可以对外输出 3～5A 节省下来的"励磁电流"，大大改善了低速供电性能。

③ 结构简单，性能更加稳定。永磁发电机在转子结构上只有轴、爪极、薄片式钕铁硼和磁钢，简化了加工工序。

④ 环境适应性强。该发电机无电励磁绕组、无碳滑环结构，能在潮湿或灰尘多的恶劣条件下运行；永磁发电机无碳刷、滑环结构，消除了碳刷与滑环之间因摩擦而产生的无线电干扰，消除了电火花，也适合在爆炸性危险程度较高的环境中工作。

⑤ 延长蓄电池使用寿命。首先，永磁发电机具有很好的低速充电性能，可使蓄电池经常处于充足电的状态，能有效防止蓄电池的极板硫化。其次，稳压精度高，不欠充电，也不会过充电，在充电过程中始终保持微量出气状态，不会产生大量的气泡，这样既不损耗大量的电解液和污染蓄电池表面，同时也有效地避免了因剧烈出气而造成的活性物质脱落，从而提高了蓄电池寿命。

⑥ 体积小、质量轻、比功率大、价格合理、用途广。采用高磁能积、高剩磁感应强度及矫顽力、退磁曲线为直线的钕铁硼稀土永磁材料的转子结构，使得发电机内部结构设计排列得很紧凑。

⑦ 采用可控硅整流稳压技术。整流和控制系统采用可控硅与脉冲式开关稳压器，可控硅整流稳压电路的耗电量要比整流桥电路的耗电量低，减少发热量，提高了输出功率，并且该电路集稳压、整流于一体，大大降低了成本。

⑧ 提高发电效率，减少工作损耗。因其设计的改进，永磁发电机采用钕铁硼永磁体励磁，由于不需要电励磁绕组的电能消耗，因此可将发电效率提高 10%～15%。

使用交流发电机时应注意以下事项。

① 经常清洁发电机外表的积垢和尘土，保持清洁和通风良好。

② 经常检查与发电机相关的各紧固件的紧固情况，及时紧固各部件的螺钉。

③ 传动皮带的张力要合适。过松，易打滑而造成发电不足；过紧，易损坏皮带和发电机轴承。

④ 安装蓄电池时，千万不要装错，通常是先装正极线，不装搭铁线，否则极易烧坏二极管。

⑤ 采用集成电路调节器时，发动机不运转应立即关闭点火开关。

⑥ 绝不允许用"刮火"方法试验是否发电。

⑦ 发电机有了故障不发电时，要及时排除，否则会出现更严重的故障。

三、电压调节器及其电路

在汽车上，交流发电机是由固定传动比的发动机驱动旋转的，其转速高低取决于发动机的转速。在汽车行驶过程中，由于发动机转速随时都在发生变化，发电机的转速也必然随之发生变化，同时发电机的输出电压随转速的变化而变化。因此在汽车上加装有电压调节器，当发电机转速发生变化时，系统自动调节发电机输出电压并使其保持恒定，防止输出电压过高而损坏用电设备和避免蓄电池过量充电。

电压调节器有触点式和电子式两种。随着汽车产品的电子化不断增强，触点式调节器有被淘汰的趋势。汽车交流发电机有内搭铁与外搭铁之分，因此与之匹配使用的电压调节器也有内搭铁与外搭铁两种形式。

1. 汽车电压调节器的作用

交流发电机必须配有汽车电压调节器，并与之配合工作。这是因为交流发电机在结构一定及磁场强度不变的条件下，其输出电压的大小与发电机的转速成正比，而发电机由发动机带动，其转速则由发动机转速所决定。汽车正常行驶时，发动机转速的变化范围很大，这势必对发电机输出电压的大小有很大影响，为使发电机输出电压在不同的转速下均能保持一定，且能随发电机转速的变化而自动调节，使输出电压值保持在某一特定范围，就必须装置汽车电压调节器。而发电机的正常工作，对保证整个汽车电气系统的正常工作和对延长汽车电气设备的使用寿命有重要作用，其输出电压（或充电电压）对蓄电池使用寿命的影响也很大。

2. 汽车电压调节器的工作原理

外搭铁型电压调节器的基本电路如图 1-47 所示。其工作原理如下。

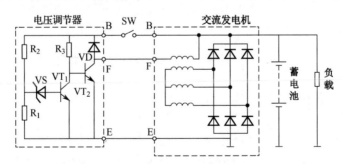

图 1-47　外搭铁型电压调节器的基本电路

（1）点火开关 SW 刚接通时，发动机不转，发电机不发电，蓄电池电压加在分压器 R_1、R_2 上，此时因 U_{R_1} 较低不能使稳压管 VS 反向击穿，三极管 VT$_1$ 截止使得三极管 VT$_2$ 导通，发电机磁场电路接通，此时由蓄电池供给磁场电流。随着发动机的启动，发电机转速升高，发电机他励发电，输出电压上升。磁场绕组电路为：蓄电池正极→磁场绕组→电压调节器 F 接柱→三极管 VT$_2$→电压调节器 E 接柱→搭铁→蓄电池负极。

（2）当发电机输出电压升高到大于蓄电池电压时，发电机自励发电并开始对蓄电池充电，如果此时发电机输出电压 U_B<电压调节器调节上限 U_{B_2}，三极管 VT$_1$ 继续截止，三极管 VT$_2$ 继续导通，但此时的磁场电流由发电机供给，发电机输出电压随转速升高迅速升高。磁场绕组电路为：发电机正极→磁场绕组→电压调节器 F 接柱→三极管 VT$_2$→电压调节器 E 接柱→搭铁→发电机负极。

（3）当发电机输出电压升高到等于调节上限 U_{B_2} 时，电压调节器对输出电压的调节开始。此时稳压管 VS 导通，三极管 VT$_1$ 导通，三极管 VT$_2$ 截止，发电机磁场电路被切断，由于磁场被断路，磁通下降，发电机输出电压下降。

（4）当发电机电压输出下降到等于调节下限 U_{B_1} 时，稳压管 VS 截止，三极管 VT$_1$ 截止，三极管 VT$_2$ 重新导通，磁场电路重新被接通，发电机输出电压上升。周而复始，发电机输出电压 U_B 被控制在一定范围内，这就是外搭铁型电压调节器的工作原理。

内搭铁型电压调节器的基本电路如图 1-48 所示。它与外搭铁型电压调节器的基本电路的区别在于电路中的三极管 VT$_1$、VT$_2$ 采用 PNP 型，发电机的励磁绕组连接在三极管 VT$_2$ 的集电极和搭铁端之间，但其电路工作原理和结构与外搭铁型电压调节器类似。

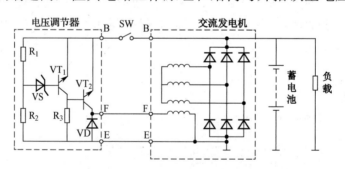

图 1-48　内搭铁型电压调节器的基本电路

3. 汽车电压调节器的工作特性

电压调节器通过三极管 VT$_2$ 的通断控制磁场电流，随着转速的提高，三极管 VT$_2$ 的导通时间减小，截止时间增加，这样使得磁场电流平均值减小，磁通减小，保持输出电压 U_B 不变。发电机的输出电压 U_B、磁场电流 I_f（平均值）随转速 n 的变化关系称为电压调节器的工作特性。

从图 1-49 所示的电压调节器的工作特性曲线图可以看出，n_1 为电压调节器开始工作时的转速，称为工作下限，随着发电机转速的升高，磁场电流减小。当发电机转速很高时，由于大功率三极管可不导通，磁场电流被切断，发电机仅靠剩磁发电，所以，电压调节器的工作转速上限很高，调节范围很大。

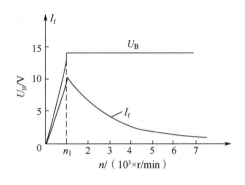

图 1-49　电压调节器的工作特性曲线图

三、电源电路

汽车主要的存电设备是蓄电池，当蓄电池存电量低于其标准量时，发电机将对蓄电池充电，现以科鲁兹车型电路为例，介绍其电源电路的工作过程。科鲁兹车型的电源电路图如图 1-50 所示。

电源电路工作过程如下。

蓄电池通过熔断器给车身控制模块、发动机控制模块、组合仪表电源供电，使车身控制模块、发动机控制模块工作，打开点火开关至 ON 挡，蓄电池电流经 10A 熔断器 X1 接头 40 号针脚，经蓄电池传感器 2 号针脚进入蓄电池电流传感器，通过蓄电池电流传感器检测蓄电池电流，当蓄电池有电流形成回路时，蓄电池电流传感器 1 号针脚给车身控制模块一个使用蓄电池供电的信号，车身控制模块与组合仪表通过中央数据线信息共享，组合仪表将仪表内的蓄电池仪表灯点亮。

车身控制模块与发动机控制模块通过中央数据线信息共享点火开关 ON 挡电压信号，发动机控制模块通过 15 号针脚给发电机 X1 接头 A 号针脚提供一个电压，进入发动机电压调节器，电压调节器给转子线圈通电，经过搭铁电流形成回路，转子线圈产生磁场。

发动机工作时，通过皮带带动发电机转子，产生相对交错变化的磁场，定子线圈由于

磁场变化产生交流电，定子产生出来的交流电通过整流器转变为直流电。发动机发出的电源可供电压调节器供电，电压调节器检测发电机电压，通过调整转子线圈电流，来保证发动机的发电电压在 13.8～14.4V 之间。通过发动机 X2 接头 A 号针脚经 250A 熔断器给车上用电设备提供电源，多余的电量用来给蓄电池充电。发电机的发电电压通过发电机 X1 接头 B 号针脚给发动机控制模块 50 号针脚一个发电信号。发动机控制模块与组合仪表通过中央数据线信息共享，组合仪表将仪表内的蓄电池仪表灯熄灭，表示发电机已工作发电。

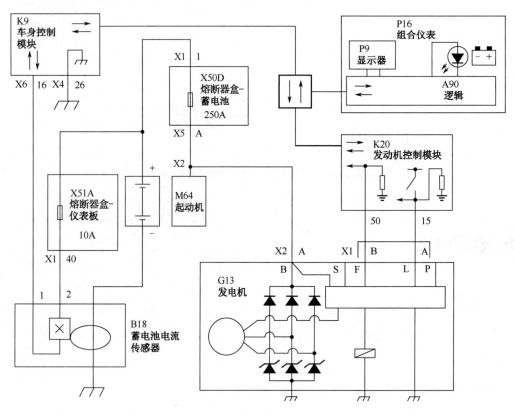

图 1-50　科鲁兹车型的电源电路图

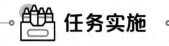任务实施

发电机拆装与检测

交流发电机的拆卸步骤如下。

（1）对发电机外部进行清洁，并在前、后端盖上做好装配记号。

（2）拧下转子轴前端的固定螺母如图 1-51 所示，并拆下皮带轮和风扇。

图 1-51　拧下转子轴前端的固定螺母

（3）拧下前端盖固定螺母的 3 个固定螺栓如图 1-52 所示；拆下前端盖（使用拉马拉出），如图 1-53 所示。

图 1-52　拧下前端盖固定螺母的 3 个固定螺栓

图 1-53　拆下前端盖

（4）取出转子总成（不能强行拉出，以免损坏电刷），如图 1-54 所示。

图 1-54　取出转子总成

（5）拧下端盖散热板的固定螺栓如图 1-55 所示，并将散热板拆下。

（6）取出定子总成、整流器、电刷架总成如图 1-56 所示。

图 1-55　拧下端盖散热板的固定螺栓

图 1-56　取出定子总成、整流器、电刷架总成

（7）拆下整流器与定子线圈的连接线如图 1-57 所示。

（8）将拆下的零部件按序摆放好。零部件放置图如图 1-58 所示。

图 1-57　拆下整流器与定子线圈
　　　　　的连接线

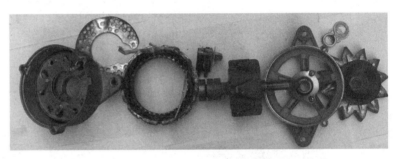

图 1-58　零部件放置图

三、发电机的检查

（1）用数字万用表的二极管挡测量硅整流器的二极管通断情况。测量硅整流器的二极管通断情况如图 1-59 所示。

用万用表二极管挡位测量整流板上面的正二极管：红表笔接触二极管接线柱，黑表笔接触整流板，正向导通，反向不通。测量整流板上面的正二极管如图 1-60 所示。

图 1-59　测量硅整流器的二极管通断情况

图 1-60　测量整流板上面的正二极管

用万用表二极管挡位测量整流板上面的负二极管：红表笔接触整流板，黑表笔接触二极管接线柱，正向导通，反向不通。

（2）转子总成的检查。用万用表最小电阻挡检查转子线圈的步骤如下。

图 1-61 所示为测量转子线圈的电阻。把两个表笔接在两个滑环上，若测得电阻为 3～5Ω，则说明转子线圈是正常的；若显示"1"，则表示转子线圈有断路现象；若数值小于规定值，则表示转子线圈有短路现象。

图 1-61　测量转子线圈的电阻

使用二极管挡位测量转子线圈是否搭铁，如图 1-62 所示。把一表笔接在滑环上，另一表笔接触搭铁。若能导通，则表示转子线圈有搭铁现象；若不能导通（万用表数字显示"1"），则表示转子线圈正常。

图 1-62　测量转子线圈是否搭铁

转子轴、滑环、轴承的检修步骤如下。

转子轴的弯曲会造成转子与定子之间间隙过小从而产生摩擦或碰撞（脱底现象）。若发现发电机运转时阻力过大或有异响，则应检查转子轴是否有弯曲。检查方法：目测是否有刮痕，如图 1-63 所示，装好后转动转子轴。

目测检查滑环应表面光滑，无烧蚀。若有烧蚀，则应打磨干净滑环表面，如图 1-64 所示，滑环厚度应大于 1.5mm。

图 1-63 目测检查

图 1-64 打磨干净滑环表面

检查轴承，轴承应转动灵活无卡滞现象，如图 1-65 所示。

图 1-65 检查轴承

（3）定子线圈的检查。用万用表最小电阻挡测量定子线圈电阻，如图 1-66 所示。

测量定子线圈的阻值是否相等，若相等且为 0.5Ω左右，则说明定子线圈是正常的；若所测电阻小于规定值，则说明定子线圈有短路；若电阻为"1"，则说明定子线圈为断路。

使用二极管挡位测量定子线圈是否搭铁。把一表笔接在定子线圈的一个线头上，另一表笔接触搭铁：若导通，则表示定子线圈有搭铁现象；若不导通，则表示定子线圈正常。

检查定子总成内圈有无脱底现象，如图 1-67 所示。

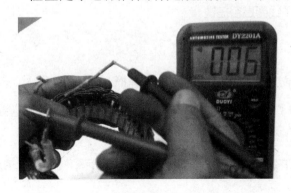

图 1-66 测量定子线圈电阻

图 1-67 检查定子总成

（4）检查碳刷。碳刷磨损不要超限、弹簧弹力足够（在弹簧作用下能压紧在滑环上即可）。它和滑环接触面积不能小于电刷端面积的 75%。

（5）目测检查壳体。壳体应无裂纹、无损坏。

三、发电机的安装

按照与拆卸相反的步骤安装发电机。在安装的过程中应注意以下事项。

（1）绝缘垫的安装和定子引线的绝缘。

（2）轴承内应加入干净的润滑脂。

（3）安装前端盖和后端盖合体前，应用直径为 1mm 的钢丝从后端盖的通孔插入，使电刷缩入电刷架内，以免损坏电刷，装好后再拔出钢丝，如图 1-68 所示。

图 1-68　拔出钢丝

（4）安装好发电机后，转子转动平稳灵活，无明显的前后窜动，无异响。

素养与思政

本任务要求分组训练，各小组成员熟练掌握发电机拆装、检修规范的操作流程，力求做到精益求精，弘扬大国重器精神，在完成技能实训后观看《大国重器》等视频，讨论社会主义核心价值观。在实训过程中必须团结一致、相互合作学习，在操作过程中注意安全，要求全程实现 7S 管理。

拓展训练

汽车电源系统常见故障及检测方法

1. 电路故障

打开点火开关至 ON 挡，充电指示灯应亮；启动发动机，发动机处于怠速转速状态时，灯应熄灭，否则说明充电系统有问题，应及时检修。当发现充电电压太高（伴有刺鼻味道）或太低时（蓄电池存电量少），也说明充电系统有问题，应及时检修。

（1）充电电流太高或太低。

故障原因分析如下。

① 充电电流太高：是发电机与调节器的问题。

② 充电电流太低：可能是线路问题，也可能是发电机的问题。

③ 发电机故障。

④ 调节器故障。

检测方法如下。

① 检查发电机风扇皮带的松紧度是否合适。

② 拔下发电机的插座连接器，打开点火开关，在测量蓝红色线和黄白色线时，有电流通过，人有触电感；否则说明发电机损坏或线头接触不良。

（2）不充电（电瓶指示灯亮）。

故障原因分析如下。

① 蓄电池和发电机的连接导线断开或脱落。

② 发电机故障。

③ 调节器故障。

2. 机械故障

奥迪 A6 轿车，行驶近 20 000km，一次夜间开前照灯行驶，充电指示灯时亮时灭，发动机转速低时，按下喇叭，响声比较正常；发动机转速高时，按下喇叭，基本不响。

（1）根据充电系统的原理和维修经验，分析该故障主要原因如下。

① 发电机转子集电环与电刷严重接触不良，励磁电流时断时续。

② 发电机转速高时，电刷在集电环上颤动加剧，使发电机输出电压下降。

（2）排除方法如下。

① 首先检查充电系统和灯光系统各连接导线的连接情况，对连接不好处重新处理。

② 将电刷拆卸下来，发现有一个电刷由于太短，弹簧的弹力不足，使电刷和转子集电环烧蚀成麻面，造成接触不良。于是，更换了发电机电刷和电刷弹簧。经试验，故障依旧。

③ 在发电机运转状态下，用万用表直流电压挡检查发电机输出电压，发电机转速低时，输出电压在 14V 左右；发动机转速高时，输出电压反而低于 10V。拆下蓄电池负极搭铁线检查，输出电压在 16V 左右，但一按喇叭，输出电压急剧下降，说明在空载时还没有异常，在重载之下却暴露出问题（故障现象出现）。

④ 将发电机集电环用 0 号砂纸进行抛光，使电刷与集电环接触良好，然后组装到轿车上进行试验，一切正常，故障排除。

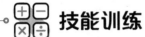 **技能训练**

1. 按要求拆装发电机。
2. 按照规范的工艺要求操作，注意安全，全程要求 7S 管理。

项目二

汽车启动系统

项目描述

汽车发动机从静止状态开始转动至正常工作状态是需要借助外力来完成的，最初靠人工摇动启动。发动机常用的启动方式有人力启动、辅助汽油机启动和电力启动三种形式。电力启动方式操作简便，启动迅速，具有重复启动能力，并且可以远距离控制，因此被现代汽车广泛采用。

本项目主要介绍起动机的结构、工作原理及零部件拆装检修方法、气动系统的故障排除等知识。

任务 **启动系统的构造与检修**

知识目标

1. 了解起动机的类型。
2. 掌握起动机的结构及工作原理。
3. 掌握起动机的检修方法。

能力目标

1. 能正确地拆装起动机。
2. 能正确检查起动机的零部件。

思政目标

1. 通过熟练掌握起动机拆装、检修规范的操作流程，培养学生精益求精的工匠精神。
2. 通过学生小组合作学习，培养学生爱岗敬业、团结互助的职业道德。
3. 通过观看视频《大国重器》，参加弘扬优秀传统文化的活动，培养学生的爱国情怀。

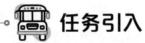 任务引入

　　张总的一辆轿车停放在停车场半年之后，用钥匙打开开关，仪表盘、灯全部点亮，但是启动时没有反应，经过 4S 店维修技师检查后判断是起动机坏了。本任务主要介绍起动机的构造、工作原理、拆装及检修等内容。

 相关知识

 一、起动机的类型及作用

　　发动机的启动需要外力的支持，汽车起动机就是专门为发动机提供外力的。总体来说，

起动机用三个部件来实现整个启动过程。直流电动机引入来自蓄电池的电流并且使起动机的驱动齿轮产生机械运动；传动机构将驱动齿轮与飞轮齿圈啮合，同时能够在发动机启动后自动脱开；起动机电路的通断则由一个电磁开关来控制。

启动系统包括以下部件：蓄电池、点火开关（启动开关）、起动机总成和启动继电器等。

起动机的功用：由直流电动机产生动力，经传动机构带动发动机曲轴转动，从而实现发动机的启动。

1．起动机的一般分类

在目前的市场上，起动机大体分为三类：普通型起动机、永磁起动机和减速起动机。

（1）普通型起动机：所谓普通也就是没有特殊结构和装置，如红塔 CA1020 车型和五菱小旋风车型使用的都是普通型起动机。

（2）永磁起动机：取消了励磁绕组，电动机磁极用永磁材料制成。永磁起动机结构简化、体积小、质量轻，如奥迪 100 车型使用的都是永磁起动机。

（3）减速起动机：在电动机内部设有减速装置的起动机称为减速起动机。减速起动机的最大优点是可以大大提高电动机的输出转矩，同时传动机构的质量和体积可减小30%～35%。缺点是结构和工艺比普通型起动机复杂。如今大多数中高档汽车都采用永磁式减速起动机。

2．按控制装置分类

（1）直接操纵式起动机：它由脚踏或手拉杠杆联动机构直接控制起动机的主电路开关来接通或切断主电路，也称机械式起动机。这种方式虽然结构简单、工作可靠，但由于要求起动机、蓄电池靠近驾驶室，因而安装布局受到限制，而且操作不便，已很少采用。

（2）电磁操纵式起动机：它由按钮或点火开关控制继电器，再由继电器控制起动机的主开关来接通或切断主电路，也称电磁控制式起动机。这种方式可实现远距离控制，工作方便，在现代汽车上广泛采用。

3．按传动机构的啮合方式分类

（1）惯性啮合式已被淘汰。

（2）强制啮合式：工作可靠、操作方便、应用广泛。起动机不工作时，起动机的电枢与磁极错开。接通点火开关、启动发动机时，在磁极磁力的作用下，整个电枢连同驱动齿轮移动与磁极对齐的同时，驱动齿轮与飞轮齿圈啮合。发动机启动后，切断点火开关，磁极退磁，电枢轴连同驱动轮退回，脱离与飞轮的啮合。

（3）电枢移动式：结构较复杂，多用在大功率柴油车上。接通点火开关、启动发动机时，驱动齿轮靠杠杆机构的作用沿电枢轴移出与飞轮齿圈啮合，使发动机启动；发动机启动后，切断点火开关，外力的作用消除后，驱动齿轮在复位弹簧的作用下退回，脱离与飞轮齿圈的啮合。

（4）齿轮移动式由电磁开关推动啮合杆。

（5）减速式：质量轻、体积小，工艺结构复杂。

三、起动机的构造

1. 起动机的主要组成部分

起动机主要包括三个组成部分。起动机的组成如图 2-1 所示。

（1）直流电动机包括壳体、磁极（定子）、电枢（转子）、换向器和电刷等。其作用是产生转矩。

（2）传动机构包括单向离合器、驱动齿轮和拨叉等。其作用是在发动机启动时，使起动机驱动齿轮与飞轮齿圈啮合，将起动机转矩传给发动机曲轴；而在发动机启动后，使驱动齿轮打滑与飞轮齿圈自动脱开。

（3）控制机构包括保持线圈、吸引线圈、触点、接线柱和接触盘等。其作用是接通和切断起动机与蓄电池之间的电路。在有些汽车上，还具有接入和隔除点火线圈附加电阻器的作用。

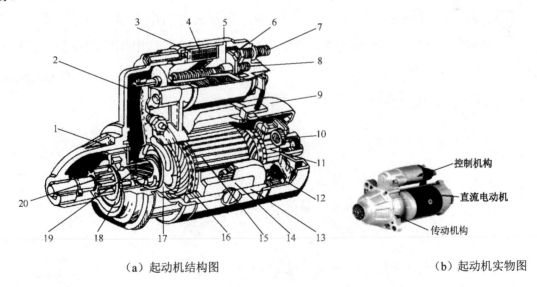

（a）起动机结构图　　　　　（b）起动机实物图

1—后端盖；2—拨叉；3—保持线圈；4—吸引线圈；5—电磁开关；6—触点；7—接线柱；8—接触盘；9—前端盖；10—电刷弹簧；11—换向器；12—电刷；13—壳体；14—磁极（定子）；15—电枢（转子）；16—励磁绕组；17—移动齿轮；18—单向离合器；19—电枢轴；20—驱动齿轮。

图 2-1　起动机的组成

2．直流电动机

1）端盖及壳体

图 2-2 所示为直流电动机的端盖和壳体。端盖分为前、后 2 个，后端盖一般用铝合金或钢板压制而成，其上装有 4 个电刷架，壳体由钢管制成，其功能是安装磁极和固定机件。壳体上有 1 个接线端子或 1 根电缆引线，对于电磁式电动机，该端子或引线与励磁绕组的一端相连。

图 2-2　直流电动机的端盖和壳体

2）磁极

磁极也叫定子，其作用是产生磁场。电磁式电动机的磁极由铁芯和励磁绕组组成，铁芯用低碳钢制成马蹄形，并用螺钉固定在电动机壳体的内壁上，励磁绕组套装在铁芯上。起动机有 4 个磁极。励磁绕组用矩形裸铜线绕制，并与电枢绕组串联。4 个励磁绕组的连接方式有两种，第一种连接方式是 4 个励磁绕组串联后再与电枢绕组串联，如图 2-3（a）所示；第二种连接方式是 2 个励磁绕组先串联后并联，然后再与电枢绕组串联，如图 2-3（b）所示。目前采用第二种连接方式的比较多。无论采用哪一种连接方式，其励磁绕组通电产生的磁极必须与 N、S 极相间排列。

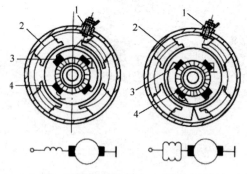

（a）第一种连接方式　（b）第二种连接方式

1—连接线；2—电枢绕组；3、4—励磁绕组。

图 2-3　电枢绕组

3）电枢

电枢总成如图 2-4 所示，主要是由电枢轴、电枢绕组、铁芯和换向器（见图 2-5）组成的，电枢的主要功能是产生电磁转矩。

电枢中的铁芯由相互绝缘的硅钢片叠装而成，其圆周上制有安放电枢绕组的槽，以花键固装在电枢轴上。为了获得较大的电磁转矩，流经电枢绕组的电流很大，一般都为 400A 左右，因此，电枢绕组采用横截面积较大的矩形或圆形裸铜线绕制。

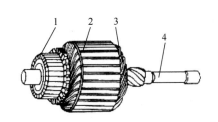

1—换向器；2—铁芯；3—电枢绕组；4—电枢轴。

图 2-4　电枢总成

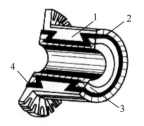

1—铜片；2—轴套；3—压环；4—云母。

图 2-5　换向器

4）换向器

换向器的功能是将通入电刷的直流电流转换为电枢绕组中导体所需的电流，以使不同磁极下导体中的电流方向保持不变。换向器由截面呈燕尾形的铜片叠合而成。燕尾形铜片称为换向片，换向片与换向片之间及换向片与轴套、压环之间均用云母绝缘。

5）电刷组件

电刷组件的功用是将电流引入电动机，主要由电刷、电刷架和电刷弹簧组成。电刷组件如图 2-6 所示。电刷由铜粉与石墨粉压制而成，它们的质量之比为 4∶1，加入较多铜粉的目的是减小电阻，提高导电性能和耐磨性能。电刷安装在电刷架内，借弹簧压力将其紧压在换向器上，电刷弹簧的压力一般为 12～15N。电刷架有 4 个，固定在电刷支架或端盖上，直接固定在电刷支架或端盖上的电刷架称为搭铁电刷架或负电刷架，安装在 2 个负电刷架中的电刷称为负电刷；用绝缘垫片将电刷架绝缘，固定在电刷支架或端盖上的电刷架称为正电刷架，安装在 2 个正电刷架内的电刷称为正电刷。

6）直流电动机的工作原理

直流电动机是将电能转变为机械能的设备，它是根据带电导体在磁场中受到电磁力作用而运动的原理制成的，其工作原理如图 2-7 所示。

直流电动机的电刷与直流电源相接，电流由正电刷和换向片 A 流入，从换向片 B 和负电刷流出，如图 2-7（a）所示。此时线圈中的电流方向为 $a \to d$，按左手定则可确定导线 ab 受到向左的电磁力 F，导线 cd 受到向右的电磁力 F，于是整个线圈因受到逆时针方

向的转矩而转动。当线圈转过半周时，如图 2-7（b）所示，换向片 B 与正电刷相接触，换向片 A 与负电刷相接触，线圈中电流的方向变为由 $d \rightarrow a$，因而在 N 极和 S 极范围内线圈中的电流方向保持不变，转矩的方向也就不变，即线圈仍按原来的逆时针方向继续转动。

图 2-6　电刷组件

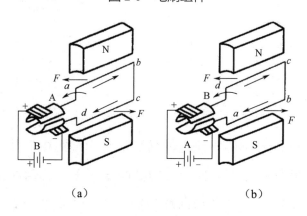

图 2-7　直流电动机的工作原理

由于一个线圈所产生的转矩太小，且转速不稳定，因此，电动机的电枢上绕有很多线圈，换向片数也随线圈的增多而相应增加。

3. 电磁开关

1）电磁开关的结构组成

电磁开关用于控制起动机工作，在启动时，它使起动机驱动齿轮与发动机飞轮啮合，同时接通电动机电路，使得电动机产生电磁转矩，并通过传动机构带动发动机转动。电磁开关主要由电磁线圈（吸引线圈、保持线圈）、活动铁芯、接触盘及触点等组成。电磁开关实物图如图 2-8 所示。

2）电磁开关工作原理

当吸引线圈和保持线圈通电产生的磁通方向相同时，其电磁力便吸引活动铁芯向前移动，直到推杆上的接触盘将电动机开关的两个触点接通而使电动机电路接通为止。

图 2-8   电磁开关实物图

当吸引线圈和保持线圈通电产生的磁通方向相反时，其电磁吸力相互抵消，在复位弹簧的张力作用下，活动铁芯等可移动部件自动复位，接触盘与触点断开，电动机电路即被切断。

4．起动机的传动机构

1）结构

起动机的传动机构实际上是一个单向离合器。单向离合器的作用是单方向传递转矩，即启动发动机时将起动机的转矩传给发动机曲轴，而当发动机启动后，它又能自动打滑，不使飞轮齿圈带动起动机电枢旋转，以免损坏起动机。飞轮与启动齿轮的传动比为 1：15～1：10，发动机启动后，若不及时将起动机与发动机分离，则起动机的电枢就会被发动机曲轴带动，以 1000～1500r/min 的速度高速旋转，导致电枢线圈从电枢槽中甩出，造成"飞车"事故，而使电枢损坏。

单向离合器有滚柱式、弹簧式和摩擦片式三种。滚柱式和弹簧式单向离合器一般应用于汽油机汽车。摩擦片式单向离合器可以传递较大转矩，一般应用于柴油机汽车。目前国内外汽车起动机使用最多的是滚柱式单向离合器，其结构如图 2-9 所示。

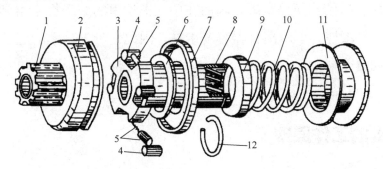

1—驱动齿轮；2—外壳；3—十字块；4—滚柱；5—压帽和弹簧；6—垫圈；7—护盖；
8—花键套筒；9—弹簧座；10—缓冲弹簧；11—移动衬套；12—卡簧。

图 2-9   滚柱式单向离合器的结构图

起动机驱动齿轮与外壳连成一体，外壳内装有十字块及 4 套滚柱、压帽和弹簧，十字块与花键套筒一体，护盖与外壳相互扣合密封。传动套筒的外面套有缓冲弹簧与移动衬套，

并由卡环锁住。整个离合器总成利用花键套筒装在起动机的花键部位，能够轴向移动，也可以随轴转动。

2）工作原理

滚柱式单向离合器的工作原理如图 2-10 所示。滚柱式单向离合器的外壳与十字块之间的间隙是宽窄不等的（呈楔形槽）。发动机启动时，由拨叉拨动传动套筒，将单向离合器沿花键推出，使驱动齿轮啮入飞轮齿圈。当起动机电枢旋转时，转矩由传动套筒传到十字块，十字块则随电枢一同旋转，这时滚柱便滚入楔形槽的窄处被卡死，于是转矩传给驱动齿轮，带动飞轮使发动机启动。当发动机启动后，飞轮齿圈带动驱动齿轮旋转，速度大于十字块时，滚柱滚入楔形槽的宽处而打滑，这样转矩就不能从驱动齿轮传给起动机电枢，从而防止了电枢超速"飞车"的危险。

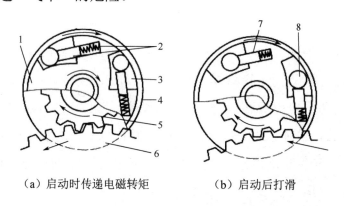

（a）启动时传递电磁转矩　　　（b）启动后打滑

1—十字块；2—弹簧及滚柱；3—楔形槽；4—单向离合器外壳；5—驱动齿轮；6—飞轮；7、8—滚柱。

图 2-10　滚柱式单向离合器的工作原理

滚柱式单向离合器结构简单紧凑，因而在中、小功率的起动机中得到了广泛采用。但在传递较大转矩时，滚柱式单向离合器容易卡住，因此，较大功率的起动机一般采用弹簧式和摩擦片式单向离合器。

三、起动机的工作原理

各型汽车启动系统的工作过程有所不同，但差别不大，下面以五菱小旋风型汽车启动系统电路为例进行讲解说明。

起动机电磁开关的结构原理图如图 2-11 所示。当闭合启动总开关 9，按下启动按钮 8 时，吸引线圈 6、保持线圈 5 的电路接通，其电流回路为：蓄电池正极→接线柱 14→电流表 16→熔断器 10→启动总开关 9→启动按钮 8

$$\rightarrow 接线柱 7 \begin{cases} 保持线圈 5 \rightarrow 搭铁 \rightarrow 蓄电池负极。 \\ \\ 吸引线圈 6 \rightarrow 接线柱 15 \rightarrow 起动机励磁绕组 \rightarrow 电枢绕组 \rightarrow 搭铁 \rightarrow 蓄电池负极。 \end{cases}$$

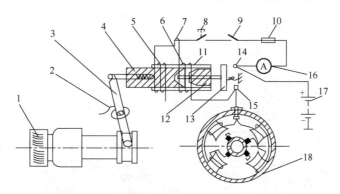

1—驱动齿轮；2—复位弹簧；3—拨叉；4—活动铁芯；5—保持线圈；6—吸引线圈；
7—接线柱；8—启动按钮；9—启动总开关；10—熔断器；11—黄铜套；12—挡铁；
13—接触盘；14、15—接线柱；16—电流表；17—蓄电池；18—起动机。

图 2-11　起动机电磁开关的结构原理图

此时活动铁芯 4 在 2 个线圈电磁吸力的共同作用下，克服复位弹簧 2 的弹力而向右移动，带动拨叉 3 推动驱动齿轮 1，使之与飞轮齿圈逐渐啮合。这时由于吸引线圈 6 的电流流经励磁绕组和电枢绕组，产生一定的电磁转矩，所以驱动齿轮 1 是在缓慢旋转的过程中啮合的。当齿轮啮合好后，接触盘 13 将接线柱 14、15 刚好接通，于是蓄电池的大电流流经起动机的电枢和励磁绕组，产生正常的转矩，带动发动机旋转，启动发动机。与此同时，吸引线圈 6 被短路，齿轮的啮合位置由保持线圈 5 的吸力来保持。

当发动机启动后，松开启动按钮 8 瞬间，保持线圈 5 中的电流只能经吸引线圈 6 构成回路，由于此时两线圈所产生的磁通方向相反，磁力相互抵消，于是活动铁芯 4 在复位弹簧 2 的作用下回至原位，驱动齿轮 1 退出啮合，接触盘 13 脱离接触，切断启动电路，起动机停止运转。

四、减速式起动机

减速式起动机与普通带电磁开关的强制啮合式起动机没有本质的区别，只是在起动机电枢和驱动齿轮之间增加了一对减速齿轮（一般减速比为 3～4），因此可将起动机电枢的工作转速设计得较高，然后通过减速机构使驱动齿轮的转速降低并使转矩增加。图 2-12 所示为减速式起动机的结构，其特点是电动机为小型、高速串励式直流电动机。

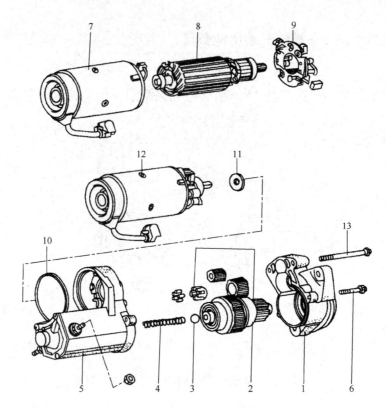

1—传动壳；2—离合器、惰性及驱动齿轮；3—钢球；4—回位弹簧；5—电磁开关；6—螺栓；7—励磁绕组；
8—电枢；9—电刷架；10—橡胶圈；11—垫圈；12—本体；13—拉紧螺栓。

图 2-12　减速式起动机的结构

（1）动力输出部分由电枢轴和传动轴两部分组成。电枢轴和传动轴两端用滚珠轴承支承使负荷分布均匀，不易出现电枢轴弯曲现象。

（2）采用了减速装置，转子与启动齿轮之间安装有减速齿轮，启动电动机传递给启动齿轮的转矩增大。利用电磁开关接通的同时，压缩回位弹簧而将启动齿轮伸出与飞轮啮合。

（3）减速式起动机的体积和质量大约是传统起动机的一半，节省原材料，同时拆装修理方便。

（4）减速式起动机的磁极对数与传统起动机一样，但励磁绕组常采用小导线多根并联方法。电枢绕组的绕法虽与传统起动机的原理相同，但制造工艺简单。

五、永磁减速式起动机

永磁减速式起动机的磁极由铁氧体或钕铁硼永磁材料制成，由于取消了励磁绕组，使得起动机的结构更加简化，因此其体积、质量也相应减小。

北京切诺基吉普车上装用的 12VDW1.4 型起动机就是永磁减速式起动机，其原理简图如图 2-13 所示。减速装置为行星齿轮减速装置，它以电枢轴齿轮为太阳轮，另有 3 个行星齿轮及 1 个固定内齿圈，其啮合关系如图 2-14 所示。太阳轮压装在电枢轴上与 3 个行星齿轮同时啮合。3 个行星齿轮的轴压装在 1 个圆盘上，行星齿轮在轴上可以自由转动。该圆盘与驱动齿轮轴做成一体，驱动齿轮轴一端设有螺旋花键，与单向离合器的传动套筒内的螺旋花键配合。内齿圈由塑料铸塑而成，3 个行星齿轮在其上滚动，内齿圈的外缘设有定位用的槽，以便嵌放在后端盖上。

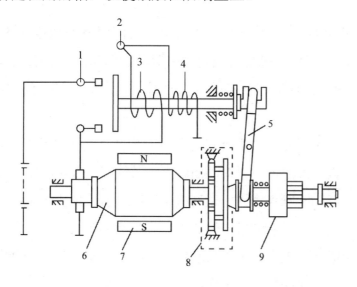

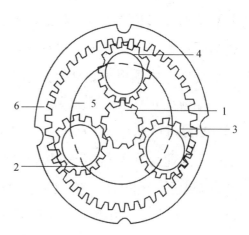

1—30 接线柱；2—50 接线柱；3—吸引线圈；4—保持线圈；
5—拨叉；6—电枢；7—永久磁极；8—行星齿轮减速装置；
9—滚柱式单向离合器。

1—太阳轮；2、3、4—行星齿轮；
5—行星轮支架；6—内齿圈。

图 2-13　12VDW1.4 型永磁减速式起动机的原理简图

图 2-14　行星齿轮减速装置的啮合关系

六、启动系统的安全保护

1. 安全保护装置的功用

为保证启动系统安全可靠地工作，进口汽车的部分车型上设有安全保护（也称误操作保护）装置，其功用有以下两点。

（1）当发动机已经正常启动后，如果未及时放松点火开关（或启动按钮），即未及时切断启动电路，起动机的驱动齿轮将不能及时与发动机飞轮分离，虽然有单向离合器的作用，发动机不会带动起动机的电枢超速旋转，但是发动机飞轮将带动起动机的驱动齿轮以

极高的速度旋转，这将会造成单向离合器的滑磨，加速磨损。并且，起动机将以空载转速运转，既消耗电能又会加速起动机轴承的磨损。设置安全保护装置后，即使没有及时松开点火开关，也可及时切断起动机电路，避免上述现象的发生。

（2）在发动机正常运转时，若误接通点火开关（或启动按钮），则起动机驱动齿轮将在操纵装置作用下与飞轮轮齿相撞而损坏。为此需设置安全保护装置，避免驱动齿轮与飞轮碰撞。

2. 起动机保护启动继电器

发动机启动后，若未及时断开点火开关，则会造成单向离合器长时间滑磨而加速损坏；若启动后又误将点火开关接通，则起动机工作，将会造成起动机驱动齿轮与高速旋转的飞轮齿圈撞击，从而加速齿轮损坏。这两种错误操作在实际中很难避免。为解决这个问题，在启动电路中采用了驱动保护电路。

如解放 CA1091、东风 EQ1090 汽车采用了启动继电器和充电指示继电器组成的组合继电器，启动继电器有一对动合触点，充电指示继电器有一对动断触点，其线圈由发电机中性点供电，启动继电器线圈经充电指示继电器动断触点搭铁。发动机未发动之前，由于发电机中性点无电压，充电指示继电器动断触点闭合，经启动继电器的电路仅由点火开关控制；发动机启动后，发电机中性点电压达到规定值，充电指示继电器动断触点断开，从而将启动继电器切断，使启动继电器动合触点不再闭合，起动机不会工作，从而实现了对起动机的保护。

3. 电磁继电器控制的安全保护装置

电磁继电器控制的安全保护装置是启动继电器（或电磁开关）的线圈经充电指示继电器（或磁场继电器）搭铁构成的保护电路，如三菱、日野等车型采用了此种安全保护装置。

4. 电子控制继电器的安全保护装置

电子控制继电器的安全保护装置是通过电子电路控制的，如奇瑞、日产等车型采用了此种安全保护装置。

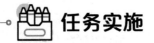

任务实施

 **起动机的拆卸**

（1）拆卸前对起动机外部进行清洁。

（2）拆下电磁开关上的电机接线柱，如图 2-15 所示。

（3）拆下固定电磁开关的螺母，取下电磁开关，如图 2-16 所示。

图 2-15　拆下电机接线柱

图 2-16　取下电磁开关

（4）拧下后端盖的 2 个固定螺栓，取下后端盖（小心弹簧飞出），如图 2-17 所示。

（5）取出绝缘垫片，拿出电刷、弹簧与电刷架，如图 2-18 所示。

图 2-17　取下后端盖

图 2-18　拿出电刷、弹簧与电刷架

（6）图 2-19 所示为取出定子总成。

（7）图 2-20 所示为取出转子总成与拨叉。

图 2-19　取出定子总成

图 2-20　取出转子总成与拨叉

三、起动机零部件的检查

1. 转子总成的检查

（1）转子线圈导通情况的检查如图 2-21 所示。用万用表蜂鸣挡测量转子线圈导通情况：将两表笔接在换向器片上，有蜂鸣声响，表示转子线圈良好；若显示为"1"，则表示转子线圈有断路现象，应更换。

（2）转子线圈绝缘情况的检查如图 2-22 所示。用万用表蜂鸣挡测量转子线圈的绝缘情况：将一表笔接触换向器片，另一表笔接触转子轴，若显示为"1"，则表示转子线圈绝缘良好；若有数值显示（有蜂鸣声响），则表示转子线圈有搭铁故障，应更换。

图 2-21　转子线圈导通情况的检查

图 2-22　转子线圈绝缘情况的检查

（3）换向器的检查。检查换向器表面有无烧蚀和失圆情况：若有轻微的烧蚀和失圆情况，则可以用细砂纸打磨；若有严重的烧蚀和失圆情况，则应更换。

（4）转子轴弯曲度的检查。检查转子总成表面有无摩擦痕迹，若有摩擦痕迹，则表明转子轴弯曲或轴承磨损，应更换。

2. 定子总成的检查

（1）定子总成 2 对电刷的导通检查如图 2-23 所示。用万用表蜂鸣挡，测量 2 对电刷之间连接的导通情况，应相对导通，相邻不通；反之说明有断路或有搭铁故障，应维修或更换。

（2）定子线圈电阻的检查如图 2-24 所示。用万用表最小电阻挡，将一表笔接触负电刷，另一表笔搭铁：若电阻为 0.3Ω 左右，则说明定子线圈电阻正常；若电阻为"1"，则说明定子线圈断路，应更换。

图 2-23　定子总成 2 对电刷的导通检查

图 2-24　定子线圈电阻的检查

（3）电刷的检查。用卡尺检查电刷长度，电刷长度应不低于新电刷长度的 2/3（国产起动机新电刷长度一般为 14mm），否则应予以更换。电刷与换向器的接触面积应大于 75%，否则应研磨电刷。电刷在电刷架内应活动自如，无卡滞现象。

（4）单向离合器的打滑检查如图 2-25 所示。将单向离合器夹紧在台钳上，顺电枢旋转方向扳动扭力扳手，应能承受 25.2N·m 扭力而不打滑。反向转动灵活，无卡滞现象。

（5）电磁开关的检查包括吸引线圈和保持线圈电阻的检查。

吸引线圈电阻的检查如图 2-26 所示。用万用表最小电阻挡测量吸引线圈的电阻，一表笔接触开关接线柱，另一表笔接触直流电机接线柱。标准吸引线圈的电阻为 0.5～0.8Ω。若所测电阻小于标准值或为无穷大，则说明吸引线圈有短路或断路故障，需要更换。

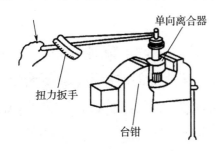

图 2-25　单向离合器的打滑检查

图 2-26　吸引线圈电阻的检查

保持线圈电阻的检查如图 2-27 所示。用万用表最小电阻挡测量保持线圈的电阻，一表笔接触开关接线柱，另一表笔搭铁。标准保持线圈的电阻为 1.3～1.5Ω。若所测电阻小于标准值或为无穷大，则说明保持线圈有短路或断路故障，需要更换。

（6）轴承检查。将转子轴分别放入前、后端盖，径向晃动，应无明显间隙，间隙过大应更换轴承。轴承转动灵活应无异响、卡滞现象。图 2-28 所示为检查轴承。

（7）拨叉、电刷架及绝缘垫应无裂纹、损坏现象；电刷压紧弹簧弹力应良好。图 2-29 所示为检查拨叉、电刷架、绝缘垫等零部件。

图 2-27　保持线圈电阻的检查

图 2-28　检查轴承

图 2-29　检查拨叉、电刷架、绝缘垫等零部件

三、起动机的安装

　　按照与拆卸相反的顺序将起动机安装好，安装时需注意：轴承轴颈等部位应加入干净的润滑脂；安装好起动机后，启动运转时应平稳灵活，无明显的前后窜动，无异响。

　　（1）将拨叉与转子总成一起装入前端盖内（拨叉应能活动自如）。安装拨叉与转子总成如图 2-30 所示。

　　（2）安装定子总成（要将定子总成的缺口放入拨叉的凸点），如图 2-31 所示。

图 2-30　安装拨叉与转子总成

图 2-31　安装定子总成

　　（3）装好电刷架后，安装电刷及电刷压紧弹簧（电刷的圆弧面朝向换向器，安装电刷压紧弹簧时小心弹簧飞出），如图 2-32 所示。

图 2-32　安装电刷及电刷压紧弹簧

（4）安装好绝缘垫片，盖上后端盖，拧紧长螺栓。安装后端盖如图 2-33 所示（应将后端盖缺口装入绝缘胶内，对正前、后端盖上的螺孔，长螺栓的拧紧力要适中）。

（a）盖上后端盖　　　　　　　　　（b）拧紧长螺栓

图 2-33　安装后端盖

（5）安装电磁开关，拧紧电磁开关的螺母，接好直流电动机的连接线，并紧固螺母（将拉杆装入拨叉槽内，电动机接线柱朝下）。安装电磁开关如图 2-34 所示。

（a）拧紧电磁开关的螺母　　　　　　（b）紧固螺母

图 2-34　安装电磁开关

四、起动机装复后的空载试验

（1）先把蓄电池"+"接到起动机"+"接线柱。空载试验图如图 2-35 所示。

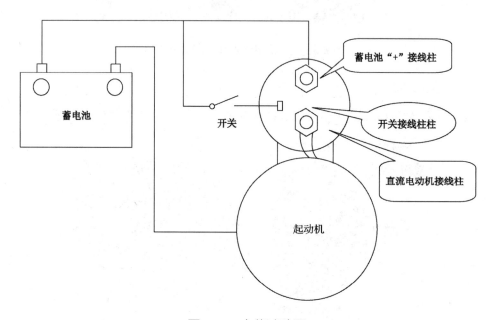

图 2-35　空载试验图

（2）再把蓄电池"–"接到起动机的外壳上（当负极碰到起动机的外壳时有火花产生，说明起动机有短路现象）。

（3）将蓄电池"+"接线柱与开关接线柱短接，起动机应运转有力。

（4）拆线时要注意先拆负极。

素养与思政

本任务要求分组训练，各小组成员要熟练掌握起动机拆装、检修规范的操作流程，力求做到精益求精，弘扬大国重器精神，在完成技能实训后观看《大国重器》等视频，讨论社会主义核心价值观。在实训过程中必须团结一致、相互合作学习，在操作过程中注意安全，要求全程实现 7S 管理。

拓展训练

一、汽车启动系统控制电路

1. 解放红塔 CA1020 型汽车启动系统控制电路

CA1020 型汽车启动系统控制电路图如图 2-36 所示。当把点火开关拧到 START 挡时，接通启动继电器电源，电流通过继电器磁化线圈，使铁芯磁化，吸下活动触点，触点闭合，接通开关电路。在吸引线圈和保持线圈电磁力的作用下，活动铁芯被吸入，带动拨叉拨动驱动齿轮与发动机飞轮齿圈啮合，同时活动铁芯推动推杆移动，使接触盘将起动机主电路接通，于是蓄电池便向起动机励磁绕组和电枢绕组大电流放电，产生正常的转矩，带动曲轴旋转启动发动机。当发动机启动后，放松点火开关旋钮，点火开关回位，切断启动继电器磁化线圈电路，使触点打开。吸引线圈和保持线圈电磁力由于断电而消失，活动铁芯在复位弹簧张力的作用下退回原位，驱动齿轮退出啮合，同时接触盘回位，切断起动机主电路，起动机便停止工作。

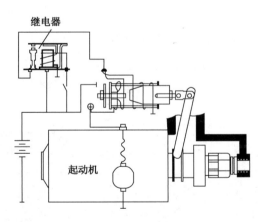

图 2-36　CA1020 型汽车启动系统控制电路图

2. 五菱小旋风汽车启动系统控制电路

五菱小旋风汽车启动系统控制电路图如图 2-37 所示。五菱小旋风汽车的启动原理与红塔 CA1020 型汽车的启动原理基本一样，不同的是它没有启动继电器。当把点火开关拧到 START 挡时，电流直接通过电磁开关，在吸引线圈和保持线圈电磁力的作用下，活动铁芯被吸入，带动拨叉拨动驱动齿轮与发动机飞轮齿圈啮合，同时活动铁芯推动推杆移动，使接触盘将起动机主电路接通，于是蓄电池便向起动机励磁绕组和电枢绕组大电流放电，

产生正常的转矩，带动曲轴旋转启动发动机。

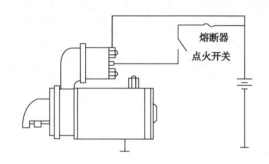

图 2-37 五菱小旋风汽车启动系统控制电路图

3. 有防盗系统的启动系统控制电路

有防盗系统的启动系统控制电路图如图 2-38 所示。当把点火开关拧到 ON 挡时，电流分两路走，第一路电流直接流到行车电脑；第二路电流通过启动断路继电器流经防盗报警器，解码后断路继电器保持接通，然后通过启动继电器流经变速器。当变速器是手动或自动变速器位于 P 挡时，线路导通，启动继电器接通，电流流到起动机，一旦行车电脑给出信号则启动。

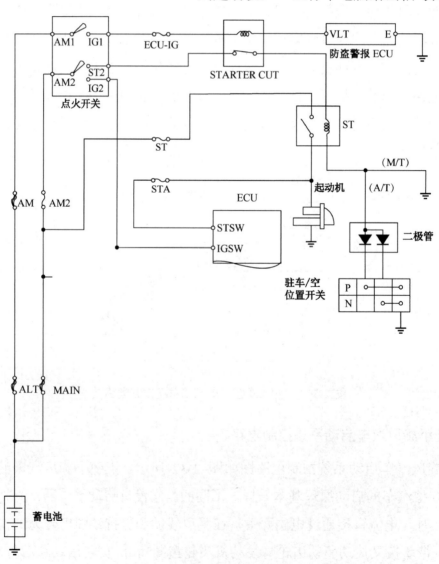

图 2-38 有防盗系统的启动系统控制电路图

当电流通过断路继电器到达防盗报警器时，如果防盗报警器不工作（没有解码），断路继电器由于磁场作用将开关打开，起动机中没有电流通过，汽车无法启动。

三、无钥匙启动系统

无钥匙启动系统（Keyless Start System），即启动车辆不用掏、拧钥匙，把钥匙放在包内或口袋里，按下车内按键或拧动导板即可使发动机点火，更加便捷，也使科技感倍增。

其工作原理为：该系统采用最先进的无线射频识别技术，通过驾驶员随身携带的智能卡里的芯片感应自动开关门锁，也就是说当驾驶员走近车辆且达到一定距离时，门锁会自动打开并解除防盗；当驾驶员离开车辆时，门锁会自动锁上并进入防盗状态。一般装备有无钥匙启动系统的车辆，其车门把手上有感应按钮，同时也有钥匙孔，所以当防智能卡损坏或没电时，驾驶员仍可用普通方式开启车门。当驾驶员进入车内时，车内的检测系统会马上识别他的智能卡，经过确认后车内的电脑才会进入工作状态，这时他只需轻轻按动车内的启动按钮（或者是旋钮），就可以正常启动车辆了。也就是说，无论是在车内还是车外，都可以保证系统在任何情况下都能正确识别驾驶员。

当智能钥匙在车内时，按下"ENGINESTARTSTOP"（一键启动）开关，能切换开关模式、启动发动机或关闭发动机。

在停车状态下，不踩离合踏板（手动挡车辆）或者制动踏板（自动挡车辆），直接按压一键启动开关，可切换开关模式。每按压一次一键启动开关，开关将按照表 2-1 所示的顺序进行模式切换。

表 2-1　一键启动开关的模式切换

顺序	状态	指示灯	各工作状态的作用
1	LOCK	关闭	电气部件处于非工作状态
2	ACC	琥珀色	可使用部分电气部件，如音响系统
3	ON	绿色	可使用所有电气部件

可依据一键启动开关上的工作指示灯颜色，确认开关的状态。一键启动开关上的指示灯如图 2-39 所示。

图 2-39 一键启动开关上的指示灯

💡 **提示**

（1）启动发动机时，如果一键启动开关的绿色指示灯闪烁，则表明电子转向锁解锁失败，此时左右轻轻转动转向盘，即可解除锁定。

（2）如果一键启动开关上的琥珀色指示灯闪烁，则表明一键启动系统存在故障，应立即关闭发动机。

三、汽车启动系统的故障判断与排除

汽车的启动系统包括蓄电池、起动机、继电器和连接导线等，其故障有电气方面的，也有机械方面的。下面以五菱小旋风型汽车为例，分析启动系统的故障现象和原因。

1. 起动机不转动

（1）故障现象。

启动时，点火开关拧到启动挡，起动机不工作。

（2）故障原因。

① 蓄电池亏电严重，导线接头松动或极柱太脏，点火开关触点烧蚀。

② 电磁开关中的吸引线圈断路、短路；起动机电磁开关触点烧蚀而未闭合。

③ 定子线圈或转子线圈有断路、短路或搭铁故障。

④ 电刷在电刷架内卡死、弹簧折断。

⑤ 熔断器烧断。

（3）故障排除方法。

① 首先检查蓄电池充电情况和导线、熔断器连接情况，若蓄电池存电充足、接线良好，则故障出在起动机、电磁开关中。

② 用起子连接起动机的两接线柱，若起动机不转动，则故障在起动机内部。当起子

短接时无火花，表明起动机内部有断路；若有强烈火花，起动机仍不转动，则表明起动机内部有短路或搭铁故障，应拆下起动机进一步检修。

③ 用起子连接起动机的两接线柱时，若起动机空转正常，则故障出在电磁开关中。

2. 起动机运转无力

（1）故障现象。

蓄电池存电良好，线路也正常，但起动机工作时运转无力，转速过低，不能使发动机着车。

（2）故障原因。

① 换向器过脏。

② 电刷磨损过多或电刷弹簧压力不足使电刷接触不良。

③ 定子线圈或转子线圈有局部短路。

④ 起动机开关触点烧蚀。

⑤ 起动机装配过紧，使转动阻力过大。

（3）故障排除思路。

从汽车上拆下起动机，解体后进行常规检测，逐一排除。

3. 起动机驱动齿轮周期地敲击飞轮，发出"咯咯"声

（1）故障现象。

启动时，起动机发出"咯咯"声后便停止工作。

（2）故障原因。

一般为电磁开关中的保持线圈断路、短路或搭铁不良。

（3）故障排除思路。

检修或更换电磁开关。

4. 起动机空转

（1）故障现象。

启动时，起动机转动，但发动机不转。

（2）故障原因。

① 单向离合器打滑。

② 拨叉断裂或损坏。

（3）故障排除思路。

① 更换单向离合器，更换拨叉。

② 进行常规起动机检修。

5. 单向离合器不回位

（1）故障现象。

发动机启动后，起动机驱动齿轮还与飞轮啮合。

（2）故障原因。

① 电磁开关中的触点与接触盘烧结。

② 复位弹簧失效。

③ 蓄电池电量不足，轮齿啮合后不运转。

（3）故障排除思路。

① 检查控制电路。

② 从汽车上拆下起动机，解体后进行常规检测。

6. 汽车综合故障排除

（1）故障现象。

驾驶员反映汽车起动机有时转动无力（在冷车时容易出现此故障，其他大多数情况下，起动机工作正常）。某天，驾驶员将点火开关转至 START 位置，只听见"嗒嗒"几声，起动机不能转动。

（2）故障原因。

① 蓄电池有故障，蓄电池自身亏电或发电机发电量不足。

② 起动机有故障。

③ 线路有故障。

（3）检测步骤。

① 用万用表检查蓄电池电压是否为 12V。

② 拔下起动机电磁开关插头，将导线一端接在电磁开关接线柱上，另一端接在蓄电池正极上。若起动机转动正常，则故障出在点火开关至起动机电磁开关间；若起动机不转或转动无力，则故障出在起动机上，经过测试，起动机转动无力。

③ 检查蓄电池至起动机的正极导线，若正常，则故障应该出在起动机上。

④ 拆下起动机检查，起动机内部正常。将起动机夹在台钳上，对起动机进行无负荷测试。用导线将起动机外壳接至蓄电池负极，用粗导线将蓄电池正极和起动机 B+端子接在一起，用导线短接蓄电池正极和起动机电磁开关，起动机立即转动起来，转速为 3000r/min，听声音，起动机转动无力。

⑤ 经分析故障出在起动机线路上。起动机 B+线路没问题，初步判断故障出在车身搭铁部分，注意到车架与自动变速器间有一条粗导线。经检查发现粗导线与车架连接处的螺栓松动，将此处螺栓紧固后，故障排除。

（4）故障确定。

该车由于起动机搭铁线松动，造成启动时的启动电流减小，从而使起动机转动无力。

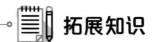

拓展知识

1. 汽车起动机的发展趋势

随着科学技术日新月异的发展，尤其是各种高性能原材料的不断出现和应用，CAD、CAN 技术、新加工技术和自动控制技术等的广泛应用和不断提高，汽车工业将在主要以节能、环保为主题的同时，在可靠、安全及舒适等方面有新的技术变革和突破，汽车起动机将向下列几个方面发展。

（1）随着微型车、重型车比重的扩大，起动机也会在 1～9kW 的功率等级上有新发展，中、小型功率起动机将以永磁式行星齿轮减速型为主，大功率起动机将向电励磁式行星齿轮减速型方向发展。

（2）随着低油耗、低污染的现代柴油机应用领域的扩大，在中、轻型车尤其是在轿车上的大量采用，要求起动机必须更近一步优化设计，应用新材料、新结构，提高功率密度，在不增加体积的前提下增大输出功率和输出转矩。

轿车用的起动机要在现有基础上进一步优化电磁设计和结构设计，加大减速比，将减速比提高到 5 以上。应用新材料、新结构，在原有体积和基础上减轻质量，提高输出功率和力矩，增加比功率（kW/kg），使比功率在现有基础上再提高 15%以上。

（3）高磁性能、高减速比的永磁减速式起动机采用稀土 R-Fe-B 系永磁材料磁极，减速比为 5 以上的行星齿轮减速输出型起动机将成为主攻的目标。

（4）实现起动机、发电机一体化的构思，是满足汽车对起动机和发电机越来越高输出要求的有效途径。这种一体化系统中有一个关键的可转换装置，该装置具有启动和停止转换功能，其交流端接异步电机，直流端接蓄电池和汽车用电系统。其工作原理：在启动状态时，异步电机的轴通过减速机构与发动机连接，带动发动机旋转，并达到启动发动机的目的；当发动机启动以后，发动机反带动异步电机旋转，通过超越离合器装置自动降低转速，异步电机变为发电机的正常发电状态。同时可转换装置还能将异步电机输出的三相交流电变为直流电，给蓄电池充电，给汽车用电系统供电和电机本身励磁。与可转换装置同

时开发的是一种 42V 车用供电系统，将很好地满足汽车用电负荷增加的需要。42V 车用供电系统是通过一个 14V/42V 的转换装置来实现的。

2．油电混合动力汽车的启动

油电混合动力汽车在起步和低速行驶时靠电动机驱动车辆，速度上去后（一般是 40 km/h 左右）换发动机驱动，所以油电混合动力汽车在市区油耗很少。而电动机运行方式和发动机不一样，电动机一启动就是最大转矩，所以起步非常快，而且电动机的直接反应很灵敏，没有一点延迟。

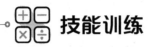 技能训练

1．汽车起动机的拆装。

2．汽车起动机的检修。

3．按照规范的工艺要求操作，注意安全，全程要求 7S 管理。

项目三

汽车点火系统

📖 项目描述

汽车点火系统是点燃式发动机为了正常工作，按照各缸点火次序，定时地供给火花塞以足够高能量的高压电（15 000～30 000V），使火花塞产生足够强的火花，点燃可燃混合气。点火的方式分为传统点火与电子点火两种。

本项目主要介绍点火系统的构造及工作原理，以及主要零部件的检修等知识。

任务 **汽车点火系统的构造与检修**

💡 **知识目标**

1. 了解汽车传统点火系统的构造及工作原理。
2. 掌握汽车微机控制点火系统的构造及工作原理。
3. 掌握点火系统的检测方法。

🏋 **能力目标**

1. 能正确拆装点火系统的零部件。
2. 能正确地检修点火系统的零部件。
3. 能排除点火系统常见的故障。

🔧 **思政目标**

1. 通过熟练掌握点火系统零部件拆装、检修规范的操作流程，培养学生精益求精的工匠精神。
2. 通过学生小组合作学习，培养学生爱岗敬业、团结互助的职业道德。
3. 通过观看视频《大国重器》，参加弘扬优秀传统文化的活动，培养学生的爱国情怀。

 任务引入

　　刘先生去上海出差一周，回来后的第二天准备开车（13 款科鲁兹）去上班，开车时发现车辆在启动时，起动机能带动发动机正常转动，但发动机不能发动，且无着车征兆，将车拉到 4S 店经维修技师检测后发现火花塞点火比较弱，更换后故障排除。本任务主要介绍点火系统的构造及工作原理，以及主要零部件的检修等知识。

相关知识

一、认识点火系统

由于汽油自燃温度高，难以被压燃，因此汽油发动机设置了点火系统，采用电火花点燃可燃混合气。汽车点火系统的作用是：发动机在各种工况和使用条件下，使火花塞适时、可靠地产生足够强的电火花，以点燃气缸内的可燃混合气。

1. 发动机有效工作的必要条件

（1）足够高的压缩压力。

（2）正确的点火时刻及强大的火花。

（3）空气及燃油混合气的浓度适当。

2. 点火系统必须满足的基本条件

为了保证可靠点火，点火系统应满足以下基本条件。

（1）能迅速产生足够高的高压电以击穿火花塞电极间隙。为了确保发动机在工作时火花塞的电极间隙能被击穿并产生电火花，通常要求点火系统必须能够提供 10～50kV 的高压电，并且要求能够迅速产生高压电。

（2）电火花应有足够的点火能量。发动机温度越低，启动时所需的点火能量越高。为保证发动机具有较高的经济性及较少的排放污染物，一般要求电火花的能量应达到 15～50mJ，而且电火花还要有一定的持续时间，通常不少于 500mJ。

（3）点火时间必须正确，能与发动机的各种工况（如负载、转速）及汽油品质相匹配、相适应。为使发动机在把热能转换成机械能的过程中输出最大功率，点火系统必须根据发动机工况的变化来确定最佳点火时间。

（4）在特殊使用条件下，如在热带、寒带、潮湿地带及空气稀薄的高原地区行驶的车辆，点火系统必须能可靠地工作。

3. 点火系统的分类

汽车点火系统按初级电路通断的控制方式不同可分为传统点火系统、半导体点火系统和微机控制点火系统3种类型。

1）传统点火系统

传统点火系统是指初级线圈的通断是由断电器触点控制的点火系统。传统点火系统结

构简单，价格便宜，但故障率高，高速性能差，已被逐步淘汰。

2）半导体点火系统

半导体点火系统是指初级线圈的通断由晶体管控制并且采用机械式提前角调节装置的点火系统，也称晶体管点火系统或普通电子点火系统。它具有高速性能好、点火时间精确、结构简单、质量轻及体积小等优点，已逐渐取代传统点火系统。

3）微机控制点火系统

微机控制点火系统是指微机根据各种传感器输入的信号，经过数学运算和逻辑判断控制初级电路通断的点火系统。微机控制点火系统取消了机械式提前角调节装置，点火时间控制更精确，应用越来越广。

按点火能量存储方式的不同，目前汽车上的点火系统可分为电感放电式点火系统和电容放电式点火系统。电感放电式点火系统是将点火能量存储在点火线圈产生的磁场中，而电容放电式点火系统是将点火能量存储在储能电容器的电场中。

二、传统点火系统的各部件构造及作用

传统点火系统内有两个相互独立的电路：初级电路和次级电路。初级电路也叫低压电路，其电源是蓄电池和发电机。次级电路也叫高压电路，其工作电压在 5000～50 000V，具体电压值由所用的点火系统类型及发动机工况而定。传统点火系统的初、次级电路主要由蓄电池、发电机、点火开关、点火线圈、附加电阻器、分电器及火花塞等器件组成，其结构图如图 3-1 所示。

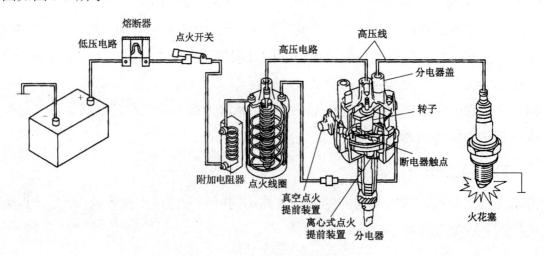

图 3-1 传统点火系统结构图

1. 蓄电池

蓄电池是传统点火系统的能量来源。发动机启动时由蓄电池供电，启动后由发电机供电。蓄电池的负极与车架相连而搭铁，而正极直接与点火开关相连。

2. 点火开关

点火开关的作用是接通或切断提供给点火系统的初级电流。正常工作时电流流过一个附加电阻器；启动时，附加电阻器被短路。大多数点火开关做成钥匙锁形式。点火开关的种类较多，如图3-2所示，通常按接线极柱的多少可分为三接线极柱式点火开关和四接线极柱式点火开关。三接线极柱式点火开关有三个接线极柱，一个接电源，一个接点火线圈的低压电源开关接线极柱，最后一个接其他用电设备，如电气仪表等。四接线极柱式点火开关比三接线极柱式点火开关多了雨刮暖风接线柱和用于锁止的定位销。

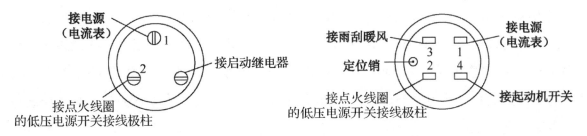

（a）三接线极柱式点火开关　　　　　（b）四接线极柱式点火开关

图3-2　点火开关的种类

目前，汽车点火开关正朝着一体化、多功能的方向改进，即点火开关除接通与切断点火系统电源外，还可以控制起动机、音响设备及汽车防盗系统等。

💡 **读一读**

　　遥控式汽车防盗系统已广泛使用在中、高档汽车上。它由驾驶员携带的遥控发射器和汽车内的防盗控制装置组成。每次驾驶员离车时，先用遥控发射器给汽车上"锁"，即遥控启动汽车防盗系统，此后如果有人推动汽车、撬砸车门窗（受振动）或非法开车（强行点火），汽车防盗系统均会发出高音警报并断开汽车点火系统，以保护汽车安全。驾驶员在上车前用遥控发射器给汽车开"锁"，关掉汽车防盗系统。这种遥控发射器发出的是含有一串固定密码的高频控制信号，每套汽车防盗系统的密码均不相同，因此每个驾驶员都能放心地遥控自己的汽车防盗系统。它具有使用方便，可靠度高，安全性能好，车内安装隐蔽等特点。

　　发动机防盗锁止系统是针对发动机安装了一套防盗系统，因此即使盗车者能打开车门

也无法开走汽车。典型的发动机防盗锁止系统的工作原理是：汽车点火钥匙中内装有电子芯片，每个芯片内都装有固定的 ID（相当于身份识别号码），只有钥匙芯片的 ID 与发动机一侧的 ID 一致时，汽车才能启动。如果不一致，汽车就会马上自动切断电路，使发动机无法启动。

3. 点火线圈

点火线圈的作用是将汽车电源的低压电变为高压电。

点火线圈是点火装置中的核心组件，如图 3-3 所示，通常安装在汽车发动机罩内的前挡板或侧面支架上。它的作用之一就是如同一个变压器一样，将蓄电池的 12V 电压升高为几万伏的高压，同时它又是一个储能装置，保证火花塞能够持续跳火一段时间。点火线圈是利用电磁互感原理制成的。

点火线圈里面有铁芯、初级线圈和次级线圈，其构造如图 3-4 所示。初级线圈用较粗的漆包线，通常用 0.5～1mm 的漆包线绕 200～500 匝；次级线圈用较细的漆包线，通常用 0.1mm 左右的漆包线绕 15 000～25 000 匝。初级线圈一端与车上低压电源"+"连接，另一端与开关装置（断电器）连接。次级线圈一端与初级线圈连接，另一端与高压线输出端连接输出高压电。

图 3-3　点火线圈

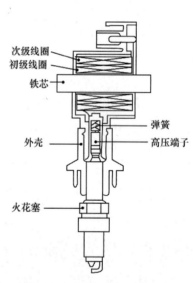

图 3-4　点火线圈的构造

点火线圈之所以能将汽车电源的低压电变成高压电，是由于它有与普通变压器相同的形式，初级线圈与次级线圈的匝数比大。但点火线圈的工作方式与普通变压器不一样，普通变压器是连续工作的，而点火线圈则是断续工作的，它根据发动机不同的转速以不同的频率反复进行储能及放能。

当初级线圈接通电源时，随着电流的增大，初级线圈在其四周产生一个很强的磁场，铁芯通过这个磁场储存磁场能；当断开电源使初级线圈电路断开时，初级线圈的磁场迅速衰减，次级线圈就会感应出很高的电压。初级线圈的磁场消失速度越快，电路断开瞬间的电流越大。两个线圈的匝数比越大，次级线圈感应出的电压越高。

点火线圈依照磁路分为开磁式和闭磁式两种。传统的点火线圈是用开磁式，其铁芯用0.3mm 左右的硅钢片叠成，铁芯上绕有次级与初级线圈。闭磁式则采用形似Ⅲ的铁芯绕初级线圈，外面再绕次级线圈，磁力线由铁芯构成闭合磁路。闭磁式点火线圈的优点是漏磁少，能量损失小，体积小，因此电子点火系统普遍采用闭磁式点火线圈。

双缸点火是指两个气缸合用一个点火线圈，其实物图如图 3-5 所示，因此这种点火方式只能用在气缸数目为偶数的发动机上。如果在四缸机上，当两个缸的活塞同时接近上止点时（一个缸处于压缩状态，另一个缸处于排气状态），两个火花塞共用一个点火线圈且同时点火，这时一个是有效点火，另一个则是无效点火，前者处于高压低温的混合气之中，后者处于低压高温的废气中，因此两者的火花塞电极间的电阻完全不一样，产生的能量也不一样，导致有效点火的能量大得多，约占总能量的 80%。

图 3-5　双缸点火实物图

单独点火是指每一个气缸分配一个点火线圈，点火线圈直接安装在火花塞上的顶上，这样就取消了高压线。这种点火方式通过凸轮轴传感器或通过监测气缸压缩来实现精确点火，它适用于任何缸数的发动机，特别适合每缸四气门的发动机使用。火花塞点火线圈组合可安装在双顶置凸轮轴的中间，充分利用了间隙空间。由于取消了分电器和高压线，能量传导损失及漏电损失极小，没有机械磨损，而且各缸的点火线圈和火花塞装配在一起，外用金属包裹，大幅减少了电磁干扰，因此可以保障发动机电控系统的正常工作。

4．点火正时

点火正时是为了使发动机输出最大的功率和减少排气污染，气缸内的混合气必须在最佳时刻进行点火。而电火花点燃空气及燃油混合气后，火焰需要一定的时间才能扩散至整个燃烧室。若点火发生时活塞恰好到达上止点，则混合气燃烧时，活塞也开始下移而使气缸容积增大，此时燃烧压力较低，发动机功率减小。但如果点火过早，则活塞还处于向上止点移动的过程中，气缸内的气体压力已达到很大数值，这时气体压力作用的方向与活塞运动的方向相反，会使有效功减小，发动机功率也将减小。

点火正时：要求在活塞处于压缩行程、但尚未到达上止点以前的某一时刻点火，使混合气充分燃烧，产生最大爆发力，正好全力推动活塞下行做功，这个时间上的配合就称作点火正时。

点火提前角：从某缸火花塞跳火到该缸活塞到达压缩行程上止点，曲轴转过的角度称为点火提前角。

最佳点火提前角：能够实现发动机输出功率最大，排放合乎标准的点火提前角就称为最佳点火提前角。

最佳点火提前角并不是一个定值，它随许多因素而变化，其中最主要的影响因素是发动机转速和负载。一般设有两套自动调节点火提前角的装置，一套能随发动机转速的变化而自动改变点火提前角，即离心式点火提前调节装置；另一套则主要按发动机负载的不同而自动调节点火提前角，即真空式点火提前调节装置。此外，最佳点火提前角还与所用的汽油品质有关，当发动机更换不同牌号的汽油时，必须相应调节点火提前角，因此点火系统中还专门设计了辛烷值校正装置。

初始点火正时是指点火提前调节装置尚未运作，发动机怠速运转中的时间配合。初始点火正时对应的曲轴转角称作基本曲轴转角。

初始点火正时由改变分电器相对发动机的安装位置来调整。其方法是：转动分电器，直至曲轴传动带轮上的装配记号和发动机正时齿轮箱上的记号对正（用正时灯检查）。因为火焰扩散速度取决于发动机排量及燃烧室形状，所以初始点火正时随发动机型号而异。其调整程序细节及规范因发动机不同而异，请参看有关的发动机修理手册。

5．火花塞

1）火花塞的组成

火花塞，俗称火咀，火花塞主要由接线螺母、绝缘体、接线螺杆、中心电极、侧电极及壳体等组成，侧电极焊接在壳体上。火花塞的结构图如图 3-6 所示。

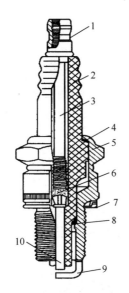

1—接线螺母；2—绝缘体；3—接线螺杆；4—垫圈；5—壳体；6—导电玻璃；
7—密封垫；8—垫圈；9—侧电极；10—中心电极。

图 3-6 火花塞的结构图

壳体带有螺纹，用于拧入气缸；在壳体内装有绝缘体，它里面贯通着一根中心电极，中心电极上端有接线螺母，连接从分电盘过来的高压电线；在壳体的下端面焊有接地电极，中心电极与接地电极之间有 0.6~1.0mm 的间隙，高压电经过这个间隙入地就会迸发出火花点燃混合气。

随着汽车工业的发展，火花塞的性能也在不断改进，借以提高汽油机的工作质量，为改善排气净化效果，采用了宽间隙火花塞（间隙为 1.0~1.2mm）。

2）火花塞的作用

火花塞的作用是把点火线圈产生的高压电（10kV 以上）引入发动机气缸，在火花塞电极的间隙之间产生火花点燃混合气。火花塞的工作环境极为恶劣，以一台普通四冲程汽油机的火花塞为例，在进气冲程时温度只有 60℃，压力 90kPa；在点火燃烧时，温度会瞬间上升至 3000℃，压力达到 4000kPa。

3）火花塞的种类

按照热值高低来分，有冷型和热型；按照电极材料来分，有镍合金、银合金和铂合金等。火花塞的类型大体上有如下几种。

（1）准型火花塞：绝缘体裙部略缩入壳体端面，侧电极在壳体端面以外，是使用最广泛的一种。

（2）缘体突出型火花塞：绝缘体裙部较长，突出于壳体端面以外。它具有吸热量大、抗污能力好等优点，且能直接受到进气的冷却而降低温度，因而也不易引起炽热点火，故

热适应范围宽。

（3）电极型火花塞：其电极很细，特点是火花强烈，点火能力好，在严寒季节也能保证发动机迅速可靠地启动，热范围较宽，能满足多种用途。

（4）座型火花塞：其壳体和旋入螺纹制成锥形，因此不用垫圈即可保持良好密封，从而缩小了火花塞体积，对发动机的设计更为有利。

（5）极型火花塞：侧电极一般为两个或两个以上。优点是点火可靠，间隙不需经常调整，故在电极容易烧蚀和火花塞间隙不能经常调节的一些汽油机上常常采用。

（6）面跳火型火花塞：即沿面间隙型，它是一种最冷型的火花塞，其中心电极与壳体端面之间的间隙是同心的。

此外，为了抑制汽车点火系统对无线电的干扰，又生产了电阻型和屏蔽型火花塞。电阻型火花塞是在火花塞内装有 $5\sim10\mathrm{k}\Omega$ 的电阻器；屏蔽型火花塞是利用金属壳体把整个火花塞屏蔽密封起来。屏蔽型火花塞不仅可以防止无线电干扰，还可用于防水、防爆的场合。

三 电子控制点火系统

在现代汽车上使用的信号发生器有磁感应式、霍尔效应式、光脉冲式和电磁振荡式，其中后两种应用较少。下面就磁感应式和霍尔效应式信号发生器的工作原理进行分析说明，其他形式信号发生器的工作原理请参看有关资料。

1. 磁感应式信号发生器

永久磁铁经支座、磁感应线圈、空气隙和信号转子构成磁路。信号发生器结构图如图 3-7（a）所示。信号转子上有与发动机气缸数相同的叶片，由分电器轴经离心式点火提前调节装置的重块驱动。信号转子转动时，由于叶片的作用，使信号转子与磁感应线圈间的气隙发生变化，相应的磁通量变化速率也发生变化，磁感应线圈产生的信号电压也随之改变。信号发生器相对于感应线圈的位置如图 3-7（c）所示。结果信号发生器就会向外输出一个交变的电压信号，且这个电压信号会随着发动机转速的增加而增大。磁通变化速率与电动势的关系如图 3-7（b）所示。

2. 霍尔效应式信号发生器

霍尔效应式信号发生器的工作原理如图 3-8 所示。将霍尔元件放在磁场中，并通过一个电流，电流的方向与磁场的方向相互垂直，结果会在垂直于电流和磁场的霍尔元件的横向两侧产生一个与电流和磁场强度成正比的电压，这种现象称为霍尔效应，这个电压称为霍尔电压。

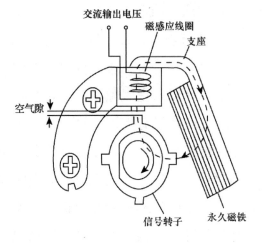

（a）信号发生器结构图

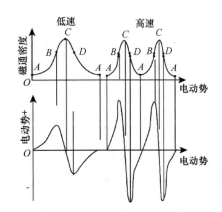

（b）磁通变化速率与电动势的关系

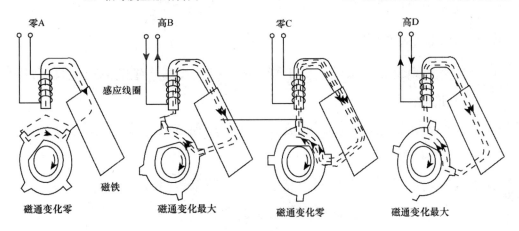

（c）信号发生器相对于感应线圈的位置

图 3-7　磁感应式信号发生器

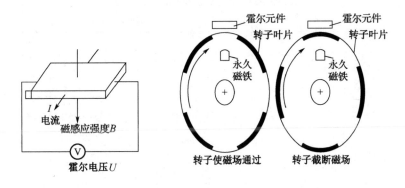

图 3-8　霍尔效应式信号发生器的工作原理

霍尔元件固定在陶瓷支座上，它有四个接线端头，信号电流从 A、B 输入，霍尔电流从 C、D 输出。注意，信号发生器上的霍尔元件实质上是一个带有霍尔元件的集成电路块。霍尔元件对面装有永久磁铁，中间有空气隙，触发叶轮由分电器轴带动旋转，触发叶轮的转子叶片数与气缸数相同。当触发叶轮上的转子叶片通过或离开空气隙时，霍尔元件的输出电压就会发生一高一低的变化。当转子叶片偏离空气隙时，磁通穿过霍尔元件，在 C、D 端产生霍尔电压，这时霍尔元件内的集成电路接通，电流流入 C、D 电路。此时用电压表的毫伏挡测量 C、D 端的电压将大于 0。当转子叶片转入空气隙时，磁路被割断，这时霍尔电压为 0，霍尔元件内的集成电路断开，C、D 电路没有电流流过，此时用电压表的毫伏挡测量 C、D 端的电压将等于 0。当转子叶片通过空气隙时，信号发生器向点火控制器输出高电压，点火控制器使点火线圈初级电流接通，所以，初级电流的通电时间即闭合角，受到相邻两个转子叶片间周距的控制。转子叶片之间的周距越小，初级电流接通的时间越长。霍尔开关闭合的瞬间，即转子叶片离开空气隙时，信号发生器输出低电压，点火控制器使点火线圈初级电流截止，火花塞跳火，点燃混合气。

3．无分电器式点火系统

无分电器式点火系统完全取消了分电器，它将点火线圈产生的高压电直接通过高压线传递给火花塞，使其点火。

无分电器式点火系统包括双缸同时点火方式和单独点火方式，如图 3-9 所示。

1）双缸同时点火方式

（1）该点火方式主要由点火线圈、高压线和火花塞等组成。

（2）作用。产生高压电火花，点燃气缸中的混合气。

（3）工作原理。由曲轴位置传感器输入转速及转角信号，电子控制单元（ECU）据此控制相应的初级线圈接通与断开，从而在次级线圈中感应出高压电。

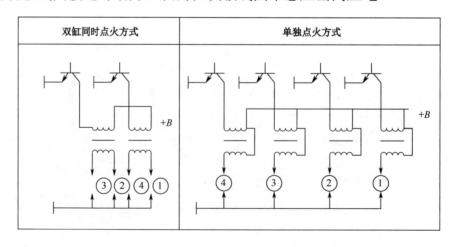

图 3-9　无分电器式点火系统

双缸同时点火方式指两个气缸合用一个点火线圈，排气行程的气缸和压缩行程点火的气缸同时点火。即一个点火线圈有两个高压输出端，分别与两个火花塞连接，负责对两个气缸点火。点火线圈实物图如图 3-10 所示。五菱 B 系列发动机就是采用双缸同时点火方式。

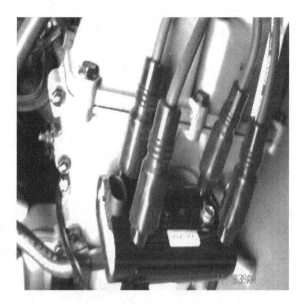

图 3-10　点火线圈实物图

在有些双缸同时点火方式中点火线圈的次级线圈串联了一只高压二极管，其作用是避免大功率晶体管导通时，点火线圈产生的电压造成火花塞误跳火。在大功率晶体管导通的瞬间，初级线圈产生的最大反电动势为 12～14V，次级线圈产生大约 2000V 的电压。因为无分电器式点火系统没有配电器，所以这 2000V 电压将全部作用于火花塞上。此电压若产生在压缩行程末期的实际点火时期，由于气缸压力高，此电压不足以使火花塞跳火，但如果大功率晶体管导通时期发生在进气行程末尾与压缩行程的开始之间，这时气缸内的压力甚至低于大气压力，因此 2000V 的高压很可能使火花塞跳火。特别是火花塞间隙较小，而充电系统电压又大于规定值（14V）时，火花塞很有可能发生跳火，这将使发动机产生回火等现象而不能正常运转。为防止这种现象的产生，在点火线圈的次级线圈内串联一只高压二极管，当大功率晶体管导通时，由于二极管的反向截止功能，2000V 的高压电就无法使火花塞跳火。而当大功率晶体管截止时，次级线圈产生高压电，二极管对此不产生影响，可使火花塞顺利跳火。

这种点火方式由于取消了分电器，因此它必须依靠 ECU 根据凸轮轴位置传感器传来的曲轴位置信号（Ne 信号）及上止点参考位置信号（G 信号）来确定哪一个缸点火，然后再向 ICM 发出气缸辨别信号（IGDA 和 IGDB 信号），通过这两个气缸辨别信号的组合，

点火控制模块就可以确定接通和断开哪一对气缸的点火线圈初级电流，从而实现控制点火顺序。点火电路图如图 3-11 所示。

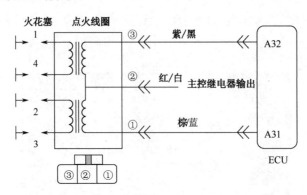

图 3-11 点火电路图

2）单独点火方式

该点火方式中每个气缸的火花塞均配用一个点火线圈，单独、直接地对每个气缸进行点火，如丰田威驰。这种点火方式非常适合在四气门（每缸两个进气门和两个排气门）发动机上使用。火花塞安装在两根凸轮轴的中间，每缸的火花塞上直接压装一个点火线圈，很容易布置。奔驰 119 和 120 发动机、VOLVO 960 发动机、宝来 ACU 发动机、奥迪五缸发动机都采用这种点火方式。

这种点火方式的点火线圈采用了超小型塑封式点火线圈。火花塞采用了铂电极，电极间隙不需要检测和调整，每行驶 100 000km 应更换新火花塞。与双缸同时点火方式相比较，这种点火方式的主要特点有以下几点。

（1）由于采用一个点火线圈对应着一个缸的火花塞，所以点火线圈的负载比双缸同时点火方式小得多，因此可以大幅度提高点火线圈的初级电流，从而使点火系统的点火能量更高，更加适应于高速、高压缩比的发动机。

（2）点火线圈次级输出不使用高压二极管，为防止初级电路接通时次级线圈产生的感应电动势在缸内误点火，要求点火线圈次级输出端与火花塞接线极柱之间有 3～4 mm 的间隙，该间隙由安装托架来保证。

（3）取消了高压线而由点火线圈直接向火花塞供电，因而能量损失小，效率高，电磁干扰少。

（4）由于点火线圈能安装在双凸轮轴的中间，因而节省了发动机周围的安装空间。

四、微机控制点火系统工作原理

1．微机控制点火系统的基本原理

微机根据曲轴位置传感器提供的曲轴位置信号，判断出发动机各缸的活塞位置，并由这些脉冲信号计算出发动机的转速值，再通过燃油喷射系统的节气门位置传感器或空气温度压力传感器确定出负荷的大小，可对发动机的运行工况做出较为精确的判断。根据发动机的转速和负荷的大小，微机从存储单元中查找出对应工况的点火提前角和点火初级电路导通时间，由这些数据对电子点火器进行控制，从而实现点火系统的精确控制。另外，微机系统还可以根据其他影响因素对这两个参数进行修正，实现点火系统的智能控制。控制过程主要包括发动机运行工况参数的采集与处理、控制参数计算、控制命令的输出和点火器的执行等。微机控制点火系统原理图如图 3-12 所示。

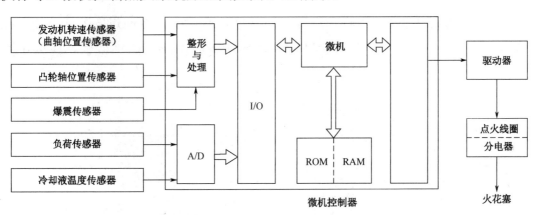

图 3-12　微机控制点火系统原理图

2．与点火系统有关的主要传感器

1）曲轴位置传感器

曲轴位置传感器是发动机集中控制系统中最重要的传感器之一。可提供发动机转速、曲轴转角、位置及活塞行程位置信号，以确定发动机的基本喷油时刻及点火时刻。曲轴位置传感器安装图如图 3-13 所示。曲轴位置传感器可分为磁电式、霍尔式和光电式三种类型。由于磁电式曲轴位置传感器结构简单，抗污能力、识别能力强，因此在现代汽车上应用较为广泛。

图 3-13　曲轴位置传感器安装图

（1）安装位置。安装在变速壳上，拆卸及安装时应注意不要损坏传感器表面，并保证安装牢固。

（2）结构。此传感器为电磁感应式传感器，由永久磁铁、线圈等组成。

（3）作用。检测曲轴转速及曲轴转角信号，将此信号输入 ECU，以决定点火和喷油时刻。

（4）工作原理。利用磁场强弱来控制霍尔电压的有无，从而输出相应的频率信号，信号的有无取决于磁场的通断。当触发叶轮经过传感器时，引起磁通量的变化，便在线圈中产生交变电压信号，该信号的大小与触发叶轮的转数成正比。曲轴位置传感器电路图如图 3-14 所示。

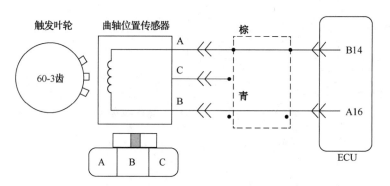

接线端子：A—信号+；B—信号−；C—屏蔽层。

图 3-14　曲轴位置传感器电路图

以五菱 B 系列发动机为例，其曲轴位置传感器主要由转子和线圈组成，安装在变速箱前壳体上，作用是判断 1 缸或 4 缸上止点信号和曲轴转角信号，将此信号输给 ECU，以决定点火时刻及喷油时刻。

2）凸轮轴位置传感器

（1）安装位置。凸轮轴位置传感器安装在气缸盖凸轮轴端盖上，其安装位置图如图 3-15（a）所示，其实物图如图 3-15（b）所示。

（a）安装位置图　　　　　　　　（b）实物图

图 3-15　凸轮轴位置传感器

（2）作用。凸轮轴位置传感器的作用是采集配气凸轮轴的位置信号，并输入 ECU，以便 ECU 识别气缸 1 压缩上止点，从而进行顺序喷油控制、点火时刻控制和爆燃控制。此外，凸轮轴位置信号还用于发动机启动时识别出第一次点火时刻。

（3）工作原理。凸轮轴位置传感器可以测量出哪缸活塞正在处在压缩冲程的状态中，曲轴位置传感器可以测量出哪缸活塞处在上止点位置，所以，两者一般是配合在一起工作的，两者的工作原理基本相似。

凸轮轴位置传感器可用来监测曲轴位置，并将曲轴位置与凸轮轴关联起来，以便 ECU 判定喷油器可以向哪个气缸喷油。对于每一个曲轴位置，凸轮轴传感器信号的极性只能改变一次。

3）爆震传感器

（1）安装位置。爆震传感器安装在气缸体上，其安装位置图如图 3-16 所示。

图 3-16　爆震传感器安装位置图

（2）作用。检测发动机工作时是否产生爆震，并且根据爆震传感器的信号调整点火时刻使汽油发动机工作在临界爆震状态。

（3）工作原理。发动机的气缸体出现振动时，该传感器在振动频率 7kHz 左右时与发动机产生共振，强磁性材料铁芯的导磁率发生变化，致使永久磁铁穿过铁芯的磁通密度发生变化，从而在铁芯周围的线圈中产生感应电动势，并将这一电信号输入 ECU。当爆震发生时，振动频率为 7kHz 左右时，爆震传感器振动振幅最大，输出电压最高。ECU 只能检出一定水平以上的爆震，超出该水平的程度就可以判定爆震传感器的爆震强度。

爆震传感器将检测到的发动机爆燃的信号输送至 ECU，ECU 根据发动机爆燃情况做出是否滞后或提前点火时间的指令。爆震传感器代替传统点火系统的点火提前调节装置。

爆燃是指燃烧中本应逐渐燃烧的部分可燃混合气突然自燃的现象。它通常发生在离火花塞较远区域的末端混合气中。当电火花跳火后，火焰开始传播，燃烧室内最后燃烧部分的末端气体受到已燃气体的压缩和热辐射，温度和压力不断升高，当末端可燃混合气温度超过它的发火温度，即引起自燃，形成新的火焰核心，产生新的火焰传播。爆燃能使发动机部件承受高压，会使燃烧室和冷却系过热，严重时可使活塞顶部熔化。爆燃还会使功率下降，燃油消耗率上升。点火时间过早是产生爆燃的一个主要原因。由于要求发动机能够发出最大功率，点火时间应能提早到刚好不至于发生爆燃的时刻。但在这种情况下发动机的工况微有改变，就可能发生爆燃。过去为避免这种危险，通常采用减小点火提前角的办法，但这样会降低发动机的功率。为了不损失发动机的功率且不产生爆燃，就需要用爆震传感器来解决这一问题。

压电式爆震传感器又分为共振型和非共振型两种。共振型压电式爆震传感器是由与爆燃具有几乎相同共振频率的振子（平衡配重）及能够检测振子振动压力并将其转换成电信号的压电元件构成的。非共振型压电式爆震传感器是用压电元件直接检测爆燃信息。除此之外，还有的是在火花塞的垫圈部位装上压电元件，以便根据燃烧压力检测爆燃信号。

4）进气歧管压力传感器

（1）安装位置。进气歧管压力传感器安装位置如图 3-17 所示，进气歧管压力传感器（硅晶膜片式）安装在进气管道上。

（2）作用。根据进气歧管压力来间接地测量发动机吸入的空气量。ECU 根据进气歧管压力传感器信号测量出进气量，并结合进气温度传感器信号，作为给发动机供油量的依据。

（3）工作原理。进气歧管压力传感器主要由硅片、真空室和电路组成。硅片由于受到进气压力作用而变形，引起电阻的变化，从而导致其输出的电压发生变化。ECU 根据电压信号的变化，结合其他传感器信号检测出进气流量。在一定测量范围内，传感器受到的压力作用和测量信号（电压信号）呈线性关系，此即压力传感器特性曲线。根据此特性曲线，ECU 将接收到的电压信号换算成进气压力。传感器正常工作时，其引脚 A75 的输出电压值的范围为 0.195～4.883V（对应的进气压力值的范围为 15～120kPa）。进气压力值与电压值对应关系如图 3-18 所示。进气歧管压力传感器的电路图如图 3-19 所示。

图 3-17　进气歧管压力传感器安装位置

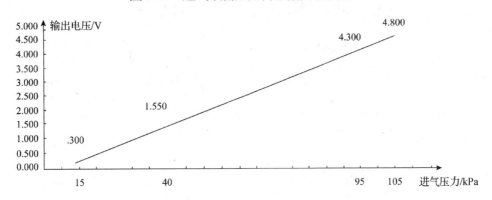

图 3-18　进气压力值与电压值对应关系

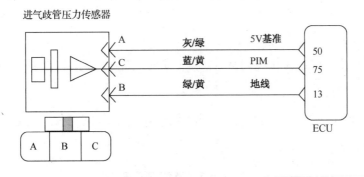

图 3-19　进气歧管压力传感器的电路图

5）进气温度传感器

（1）安装位置。其安装在进气总管上，如图 3-20 所示。

（2）作用。测定进气温度，使 ECU 能够计算出真实的进气量，ECU 根据进气温度信号，对基本喷油量进行修正，修正量与温度成反比。

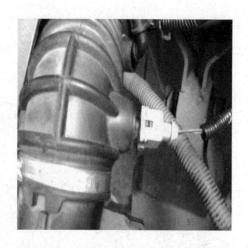

图 3-20　进气温度传感器安装位置

（3）工作原理。进气温度传感器的感温元件为负温度系数热敏电阻器，温度越高，电阻越小；反之，温度越低，电阻越高，其电路图如图 3-21 所示。

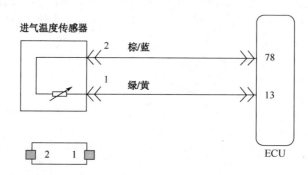

接线端子：1—信号地；2—温度信号；20～30℃的常温下，其阻值为 1700～2500Ω。

图 3-21　进气温度传感器电路图

6）节气门位置传感器

（1）安装位置。其安装在节气门体上，与节气门轴相连接。节气门位置传感器安装位置如图 3-22 所示。

（2）作用。用于检测节气门的开度，并将其转换成电信号输给 ECU，作为 ECU 判定发动机运行工况的依据。

图 3-22　节气门位置传感器安装位置

（3）工作原理。节气门位置传感器主要由滑片电阻器和滑片组成，滑片与节气门轴同转。实际为一个滑动电位计，电位计输出与节气门开度成比例的电压信号。节气门开度小时输出电压低，节气门开度大时输出电压高。节气门位置传感器电路图如图 3-23 所示。

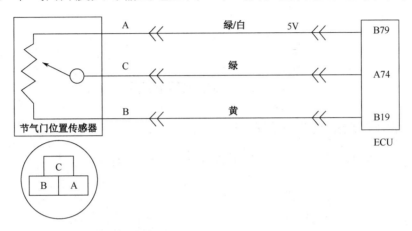

图 3-23 节气门位置传感器电路图

7）水温传感器

（1）安装位置。水温传感器安装在冷却水道上（出水口），其安装位置图如图 3-24（a）所示，其实物图如图 3-24（b）所示。

（2）作用。测定冷却液温度，并向 ECU 输送对应的电信号。ECU 据此判别发动机的所处工况（冷车、暖机或热机），进而修正基本喷油量。

（a）安装位置图　　　　　　　（b）实物图

图 3-24 水温传感器

（3）工作原理。水温传感器内部是一个热敏电阻器，它具有负的温度电阻系数。当水温传感器的电阻随冷却液的温度变化时，信号线上的电压也随之改变。水温越低，电阻越高，输出电压越高。水温越高，电阻越低，输出电压越低。水温传感器电路图如图 3-25 所示。

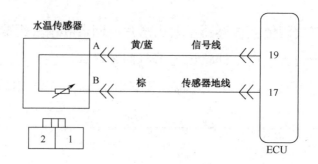

图 3-25　水温传感器电路图

8）五菱 B 系列发动机汽车点火系统

五菱 B 系列发动机汽车点火系统电路图如图 3-26 所示。

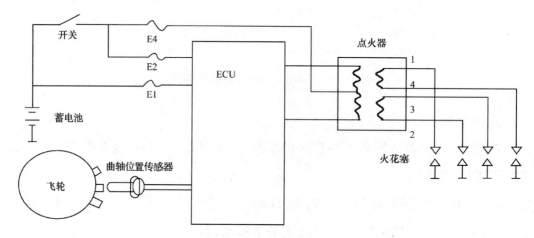

图 3-26　五菱 B 系列发动机汽车点火系统电路图

故障诊断与排除程序分析如下。

（1）用万用表检查蓄电池的电压（12V）。

（2）检查连接电脑版的熔断器是否烧坏，打开点火开关，发动机故障指示灯应亮，否则应检查 ECU 电源电路。

（3）拔下高压线，打开点火开关启动发动机，看高压线有无跳火现象。注意，跳火试验时一定要远离点火线圈。

（4）高压线有跳火现象，说明故障原因在高压线或火花塞，拆下火花塞检查或更换。

（5）高压线无跳火现象，打开点火开关，检查点火开关到点火线圈接头是否有电。若无电，则是电路连接断路；若有电，则应检查点火线圈的初级线圈与次级线圈；若点火线圈完好，则应检查 ECU 与曲轴位置传感器。

（6）打开点火开关启动发动机，用万用表交流电压 20 挡检查曲轴位置传感器电压信号，应随着发动机转动有电压信号输出。若无信号，则是曲轴位置传感器损坏，应更换；若有信号，则可能是 ECU 故障。

任务实施

找出 B 系列发动机的主要传感器的位置，并测量电压和电阻。

1. 曲轴位置传感器

用万用表的 20kΩ 电阻挡测量曲轴位置传感器的电阻，如图 3-27 所示。

图 3-27　测量曲轴位置传感器的电阻

2. 凸轮轴位置传感器

（1）用万用表的 20kΩ 电阻挡测量凸轮轴位置传感器的电阻，如图 3-28 所示。

（2）用万用表的 20V 电压挡测量凸轮轴位置传感器的电压，如图 3-29 所示。

图 3-28　测量凸轮轴位置传感器的电阻

图 3-29　测量凸轮轴位置传感器的电压

3. 进气歧管压力传感器

用万用表的 20kΩ 电阻挡测量进气歧管压力传感器的电阻，如图 3-30 所示。

用万用表的 20V 电压挡测量进气歧管压力传感器的电压，如图 3-31 所示。

4. 进气温度传感器

用万用表的 20kΩ 电压挡测量进气温度传感器的电阻，如图 3-32 所示。

用万用表的 20V 电压挡测量进气温度传感器的电压，如图 3-33 所示。

图 3-30　测量进气歧管压力传感器的电阻

图 3-31　测量进气歧管压力传感器的电压

图 3-32　测量进气温度传感器的电阻

图 3-33　测量进气温度传感器的电压

5. 节气门位置传感器

把红黑表笔置于节气门位置传感器的任意两脚，改变节气门开度，观察读数变化情况。图 3-34 所示为测量节气门位置传感器的电阻和电压。

图 3-34　测量节气门位置传感器的电阻和电压

💡 **素养与思政**

　　本任务要求分组训练，各小组成员熟练掌握汽车点火系统零部件拆装、检修规范的操作流程，力求做到精益求精，弘扬大国重器精神，在完成技能实训后观看《大国重器》等视频，讨论社会主义核心价值观。在实训过程中必须团结一致、相互合作学习，在操作过程中注意安全，要求全程实现 7S 管理。

拓展训练

一、发动机不能启动且无着车征兆

1．故障现象

接通点火开关时，起动机能带动发动机正常转动，但发动机不能发动，且无着车征兆。

2．故障原因

（1）油箱中无油。

（2）电动汽油泵不工作。

（3）系统油压故障。

（4）曲轴位置传感器故障。

（5）点火系统故障。

（6）发动机气缸压缩压力过低。

（7）ECU 故障。

3．诊断流程

诊断流程如图 3-35 所示。

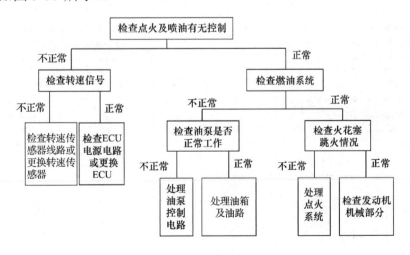

图 3-35　诊断流程

二、发动机不能起动，但有着车征兆

1．故障现象

接通点火开关时，起动机能带动发动机正常转动，有轻微的着车征兆，但不能启动。

2．故障原因

（1）空气滤清堵塞、进气系统漏气、排气系统堵塞。

（2）点火、配气正时不正确。

（3）高压火花太弱、乱火。

（4）系统油压故障。

（5）进气歧管压力传感器故障。

（6）喷油器故障。

（7）水温传感器故障。

（8）气缸压力太低。

3．诊断流程

诊断流程如图 3-36 所示。

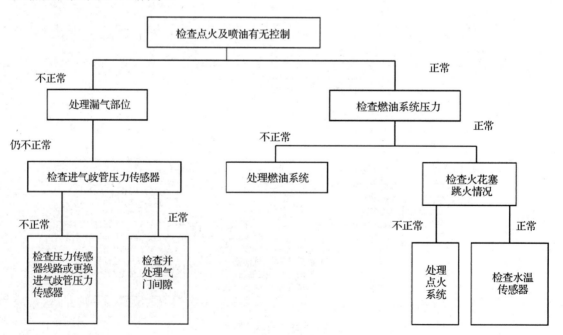

图 3-36　诊断流程

技能训练

1. 汽车点火系统零部件的拆装。

2. 火花塞点火的检测。

3. 按照规范的工艺要求操作，注意安全，全程要求 7S 管理。

项目四

照明、信号、仪表及报警系统

项目描述

　　汽车照明系统是汽车安全行驶的必备系统之一，现代汽车的照明系统不但要求实用而且要求美观有个性，灯具对材料及加工工艺要求也相对较高。

　　汽车照明系统主要包括外部照明灯具、内部照明灯具、外部信号灯具、内部信号灯具、警报器、电喇叭和蜂鸣器等。本项目主要介绍汽车照明系统、报警系统的构造及电路等知识。

 任务 照明、信号、仪表及报警系统的构造与检修

💡 **知识目标**

1. 掌握照明、信号、仪表的构造及作用。
2. 了解报警系统的组成及作用。
3. 了解照明、信号、仪表及报警系统的电路原理。

⚖ **能力目标**

1. 能正确地找出各灯光的位置。
2. 能连接各灯光的接线。
3. 能排除各灯光的线路故障。

✏ **思政目标**

1. 通过各小组成员熟练掌握汽车照明系统检修规范的操作流程，培养学生精益求精的工匠精神。
2. 通过学生小组合作学习，培养学生爱岗敬业、团结互助的职业道德。
3. 通过观看视频《大国重器》，参加弘扬优秀传统文化的活动，培养学生的爱国情怀。

 任务引入

国庆期间，何先生开着自己的爱车（2015 款卡罗拉轿车）去旅游，在回家的路上，发现远光灯不亮、制动灯也不亮，经过 4S 店维修技师检查后判断是远光灯熔断器熔断，制动灯灯泡烧坏，更换后故障排除。本任务主要介绍汽车照明系统、报警系统的构造及电路等知识。

相关知识

一、概述

汽车照明的发展史大体上经过了四个阶段,汽车灯具的演变是随着汽车光源的更迭而发生。

第一代汽车照明系统是由燃料(蜡烛、煤油或乙炔)直接燃烧发光,存在发光效率很低、光强弱、性能不稳定和操作复杂等明显缺点,但能满足早期车灯的要求。

第二代汽车照明系统是白炽灯。1879 年爱迪生发明白炽灯后,汽车灯具发生了革命性的变化。1913 年美国首先将白炽灯技术应用在凯迪拉克汽车前照灯上,从此汽车照明进入了电气时代。接着,先后出现汽车反光镜、起动机、发电机和蓄电池等新技术,1925 年开始汽车真正进入白炽灯时代。20 世纪 50 年代又出现卤钨灯,很快成为汽车强光源的主要灯泡,替代白炽灯成为新型的汽车前照灯的光源。

第三代汽车照明系统是气体放电灯(HID),具有高发光效率、高亮度和高可靠性等优点。

第四代汽车照明系统是半导体发光二极管。当一个正向偏压施加于 PN 结两端时,载流子由低能态跃迁到高能态,当处于高能态的不稳定载流子回到低能态复合时,根据能量守恒原理,多余的能量将以光子形式释放,这就是发光二极管电子发光原理。

二、照明、信号系统

为了保证汽车夜间行驶的安全,以及提高其行驶速度,汽车制造厂在汽车上装有多种照明设备和灯光信号装置,俗称灯系。汽车灯系按其安装位置和用途可分为外部照明装置、内部照明装置和汽车灯光信号装置,由照明设备、电源、线路、继电器和控制开关等组成。汽车的灯光分布图如图 4-1 所示。

1. 汽车照明系统

1)前照灯

前照灯又称大灯或头灯,安装在汽车头部的两侧,是用来照亮汽车前方道路的主要灯

具。每辆车上装 2 个或 4 个，灯光的功率为 40～60W。

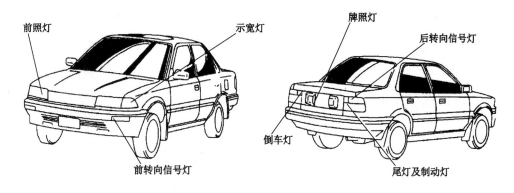

图 4-1　汽车的灯光分布图

2）小灯

小灯又称示廓灯、停车灯或示位灯，后面 2 个小灯也叫尾灯。它装在汽车前、后两侧边缘的四角上。主要用于当汽车夜间行车或停车时，标示其轮廓和存在。前小灯的灯光为白色或橙色，后小灯的灯光为红色，功率一般为 10W 左右。

3）雾灯

雾灯每车装 1 个或 2 个，雨、雾天气用来照明，安装位置较低，一般离地面 50 cm 左右。雾灯的灯光一律规定为黄色，因为黄色光线波长较大，有良好的透雾性能，灯泡的功率为 35W。

4）转向灯

转向灯又称方向指示灯，安装在汽车的前后左右四角。转向灯的作用是在汽车转弯时，发出明暗交替的闪光信号，使前、后车辆，行人等知其行驶方向，转向灯的灯光为橙色，灯泡的功率一般不小于 20W。

5）喇叭

汽车在行驶时，按下喇叭按钮，喇叭就会发出声响，起到警告行人和车辆的作用。

6）制动灯

制动灯又称制动信号灯，俗称刹车灯，均装在汽车后面。制动灯的用途是在汽车制动停车或减速行驶时，向车后发出灯光信号，以警告尾随的车辆或行人。制动灯规定为醒目的红色光，国家标准要求该灯在夜间应明显照亮 100m 以外物体，灯泡的功率应在 20W 以上。

7）倒车灯

汽车倒车灯有两个作用：一是向其他车辆和行人发出倒车警告（有的还加上倒车蜂鸣器）；二是为夜间倒车提供照明，避免撞车。

8）牌照灯

牌照灯一律装在汽车尾部的牌照上方，其用途是夜间照亮汽车牌照。牌照灯的标准是光束不应外射，保证在25m内能认清牌照上的号码。牌照灯的灯光为白色，功率为5～15W。

9）仪表灯

仪表灯均装在汽车仪表盘上，一般采用表壳式或罩壳式灯具。仪表灯仅用于照亮仪表，灯光有白色和蓝色等多种，一般使用2～8W的小灯泡。

10）顶灯

顶灯装在车厢或驾驶室内顶部，作为内部照明用。顶灯为白炽灯，功率为5～8W。

11）指示灯

指示灯的用途是指出有关照明、灯光信号及工作系统的技术状况，并对异常情况发出报警灯光信号。指示灯均装在仪表盘上，灯光为红色、绿色或黄色，灯泡一般为2W的灯或发光二极管。现在主要有远光指示灯、转向指示灯、充电指示灯、低气压报警灯、低油压报警灯、水温过高报警灯及燃油存量过少报警灯。

除以上所述外，现代汽车还有各种特种灯、危险警告灯、踏步灯、壁灯、门灯和阅读灯等。

2．前照灯

1）前照灯的基本要求

前照灯是用来夜间行车照明前方道路的，因此前照灯必须具有足够的亮度和照明范围。在夜间行车时，车辆的前照灯可以发出两种光，其中一种光亮度较强，发出的光线射向远方，射程可以达到100m以上，现代汽车照明将达到200～250m的范围，这就是前照灯的远光灯，是主要的照明光线；另外一种光亮度稍弱，发出的光线主要射向车辆前方的地面，射程在50m左右，这就是前照灯的近光灯。远光灯的功率一般为40～60W，近光灯的功率一般为20～55W。

前照灯必须有防止炫目的装置，以免夜间行车时，使相对行驶车辆的驾驶员炫目而造成交通事故。

2）前照灯的结构和类型

前照灯主要由反射镜、配光镜和灯泡组成，如图4-2所示。

（1）反射镜。反射镜材料一般有薄钢板、玻璃及塑料等，其表面形状为旋转抛物面，其作用是把灯丝发出的大部分光线聚合变成平行光束射向前方，使得灯丝的发光强度增强数百倍，从而照亮车辆前方100m甚至更远的路面。

（2）配光镜。我们看到的灯泡外面的透明玻璃叫配光镜，它是由透明玻璃压制成的棱

镜和透镜组合体，也叫散光玻璃，它的作用是将反射镜反射出的平行光束进行折射，使车辆前方附近的路面和路缘都有良好的照明，使照明更加均匀。

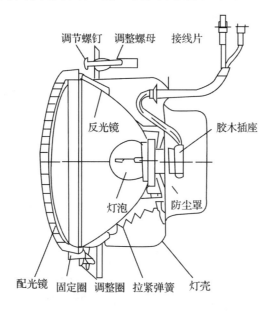

图 4-2　前照灯

3）前照灯灯泡类型

前照灯根据灯泡中的灯丝数量可以分为四灯制和两灯制。四灯制是指车辆的前照灯使用单灯丝，从外表上看有四个前照灯；两灯制是指车辆的前照灯使用双灯丝，从外表上看就只有两个前照灯，目前多数车辆采用两灯制。前照灯灯泡类型如图 4-3 所示。

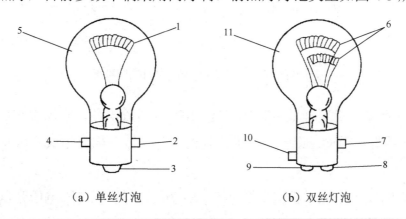

（a）单丝灯泡　　　　　　（b）双丝灯泡

1、6—灯丝；2、4、7、10—插口销钉；3、8、9—电触点；5、11—玻璃泡。

图 4-3　前照灯灯泡类型

现代汽车常用的灯具有以下几种。

（1）白炽灯。白炽灯的灯丝是一根紧密盘卷的螺旋状细钨丝。当电流通过钨丝时，它会发热并发出白热光。在高温作用下，钨丝中的钨原子升华后沉积在相对较冷的灯泡玻璃

上，时间长了就会有一层阴影，遮住光线的照射，灯的亮度因此减弱，这就是所谓的黑化。灯泡使用的时间越长，蒸发的钨原子也会越来越多，钨丝也会越烧越细，最终被烧断。在制造白炽灯时，要先抽出空气，然后充入氩气和氮气的混合惰性气体。在充气灯泡内，由于惰性气体受热膨胀后会产生较大的压力，这样可以减少钨的蒸发，提高灯丝的温度，增强发光效率，从而延长灯泡的使用寿命。

（2）卤素灯。卤素灯解决了普通白炽车灯存在的问题。卤素灯就是在灯泡内的惰性气体中掺入少量卤族元素。卤族元素是化学上原子结构类似的一种元素，简称卤素，包括碘、溴、氟和氯等元素。卤素前照灯比传统的白炽前照灯寿命更长，而且发光强度也会比一般灯泡增加 25%。现在的卤素灯玻璃是用石英制成的，又称石英卤素灯，可以承受很高的温度，白炽灯泡和石英卤素灯的结构图如图 4-4 所示。目前绝大部分汽车都采用卤素前照灯。

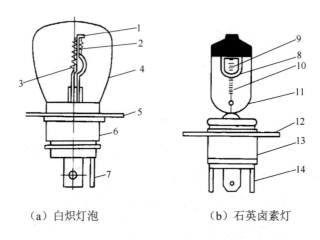

（a）白炽灯泡   （b）石英卤素灯

1、8—配光屏；2、9—近光灯丝；3、10—远光灯丝；4、11—灯壁；5、12—定焦盘；6、13—灯头；7、14—插片。

图 4-4 白炽灯泡和石英卤素灯的结构图

（3）氙气前照灯。氙气前照灯的全称是 HID 气体放电灯，它所发出的灯光与自然光非常像。氙气前照灯由弧光灯组件、电子控制器和升压器三部分组成，其外形如图 4-5（a）所示。

氙气前照灯的发光原理示意图如图 4-5（b）所示，是将 12V 电压升压至 23 000V 的高电压，通过石英管（灯泡内没有钨丝，只充入氙气的石英管），使气体碰撞产生犹如白昼般强烈的电弧光，再将电压转成 8000V，持续稳定供应氙气灯泡发光。氙气前照灯的灯管是一支装有两个电极的小石英管，管内充有氙气及少许稀有金属（或金属卤化物）。当在两个电极之间加有足够的引弧电压时，气体开始电离而导电，气体原子即处于激发状态，使电子发生能级跃迁而开始发光。电极间蒸发少量水银蒸气，光源立即引起水银弧光放电，待温度上升后再转入卤化物弧光灯，发出高达 4000K 以上色温的光芒。另外氙气分子的活

动能力会随着使用时间的加长而越趋活泼，因此氙气前照灯会越用越亮。

4）前照灯电路

前照灯电路由车灯开关、变光开关、继电器、前照灯灯泡及连接导线组成。

（1）车灯开关。现在车灯开关采用的是组合开关（见图4-6）。这种组合开关兼有灯光开关、转向开关和变光开关的作用。顺时针方向转动开关的尾端，就可以依次接通小灯和前照灯。组合开关控制杆有上、中、下三个位置，中、下位置是不变的，中间位置是近光灯，将开关向下压，就可以由近光变换为远光；将开关从下位置向上扳到中间位置，就可以由远光变换为近光。从中间位置向上扳起可以打开远光灯，但一松手就会自动弹回中间位置，这种短时间的远光闪烁可以作为夜间超车的信号。纵向前、后扳动开关可以接通左、右转向灯。

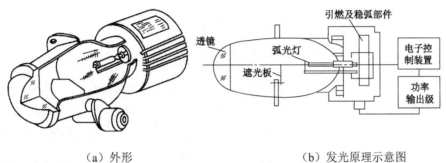

（a）外形　　　　　　　　　　　　　（b）发光原理示意图

图 4-5　氙气前照灯

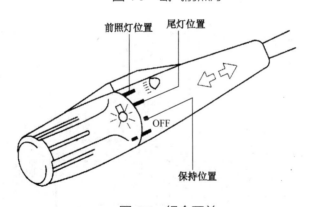

图 4-6　组合开关

（2）继电器在汽车电路中应用很多，它是一种根据电压信号接通或切断电路的电气元件。继电器按照工作原理可分为电磁继电器和晶体管继电器，其中电磁继电器应用较多。下面介绍电磁继电器。

图4-7所示为四极常开式电磁继电器，SW和E之间是一个线圈，B和L之间是一个断开的触点。当有电流通过SW和E之间的线圈时，线圈产生磁场，产生的电磁吸力吸引B和L之间的触点闭合，则B和L所在的电路导通。

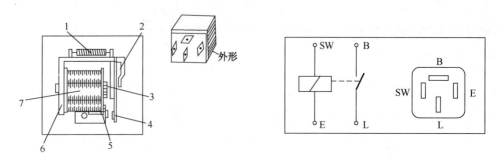

1—弹簧；2—衔铁；3—电磁铁；4—触点；5—线圈固定架；6—支座；7—绕线组。

图4-7　四极常开式电磁继电器

继电器的主要作用就是用小电流控制大电流。继电器线圈一般都会有70～100Ω的电阻，所以当线圈通电时，会有较小的电流通过线圈，由线圈产生的磁场力吸引触点闭合，而触点之间电阻很小，所以会有较大的电流通过。这就是简单继电器工作的基本原理。

在汽车上如果没有前照灯继电器就会带来以下不便。

① 线路会增长，从而增大电压降。

② 由于电流较大，需要更粗的配线。

③ 电流增大会在开关处产生电火花，从而缩短开关寿命，增加驾驶危险性。

（3）前照灯的工作原理。以CA1020大灯电路为例进行说明，如图4-8所示。

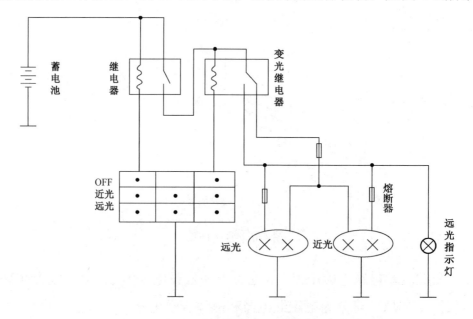

图4-8　CA1020大灯电路图

近光灯：将开关从OFF位置打到大灯位置，电流由蓄电池正极→继电器线圈→组合开关→搭铁→蓄电池负极形成回路，继电器线圈得电吸合动合触点，使电流由蓄电池正极→继电器动合触点→变光继电器动断触点→熔断器→近光灯→搭铁→蓄电池负极形成

回路，近光灯工作。

远光灯：在原近光灯位置将组合开关向下压，电流由蓄电池正极→继电器线圈→组合开关→搭铁→蓄电池负极形成回路，继电器线圈得电吸合动合触点，使电流由蓄电池正极→继电器动合触点→变光继电器线圈→组合开关→搭铁→蓄电池负极形成回路，改变变光继电器动断触点状态，使电流由蓄电池正极→继电器动合触点→变光继电器动断触点→熔断器→远光灯→搭铁→蓄电池负极形成回路，远光灯工作。

3. 小灯与雾灯

小灯也叫示宽灯，也可以被看作是信号系统的一部分，小灯电路一般并联着牌照灯、仪表灯和开关照明灯。图 4-9 所示为 CA1020 小灯电路。

将开关从 OFF 位置打到 ON 位置，电流从蓄电池正极→熔断器→继电器线圈→组合开关→搭铁→蓄电池负极流过，继电器线圈得电吸合动合触点，使电流由蓄电池正极→熔断器→继电器动合触点→前、后小灯，仪表灯，牌照灯→搭铁→蓄电池负极形成回路，前、后小灯，仪表灯，牌照灯点亮工作。

雾灯和小灯是串联在一起的，图 4-10 所示为 CA1020 雾灯电路。雾灯采用穿透力较强的黄色光，主要用在有雾、雨雪、尘埃等恶劣情况下的行车照明。按照国家标准的规定，车辆至少应该具有 2 个前雾灯和 1 个后雾灯。

在开着小灯的基础上将雾灯开关打到 ON 位置，电流由蓄电池正极→熔断器→小灯继电器动合触点→雾灯开关→前、后雾灯及雾灯指示灯→搭铁→蓄电池负极形成回路，前、后雾灯及雾灯指示灯工作。

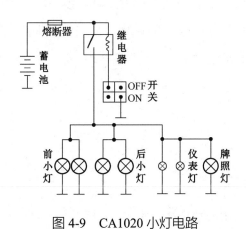

图 4-9　CA1020 小灯电路　　　　图 4-10　CA1020 雾灯电路

4. 转向灯、危险警告灯系统

转向灯、危险警告灯系统的主要部件有开关、转向灯、转向指示灯和闪光继电器，其中闪光继电器是最主要的部件。

1）开关

转向信号灯开关和危险警告灯开关的外形如图 4-11 所示。向前后拨动组合开关，就可以接通转向灯电路。按下转向盘或控制面板上带有红色"△"符号的按钮（危险警告灯开关），则左、右转向灯同时闪烁。

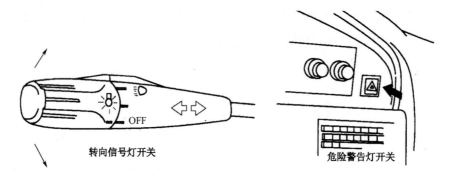

图 4-11　转向信号灯开关和危险警告灯开关的外形

2）闪光继电器

当转向灯系统或危险警告灯系统工作时，电流流经转向开关/危险警告灯开关→闪光继电器→转向开关/危险警告灯开关→左、右转向灯/左、右转向指示灯→接地，其中闪光继电器的作用是使转向灯和转向指示灯按照预定的时间间隔闪烁。一般转向灯的闪烁频率为每分钟 65～120 次，以每分钟 70～90 次为最佳。常用的汽车闪光继电器有很多种，其中电容式和电子式应用较多。

电子式闪光继电器主要由三极管、电阻器和电容器等构成一个非稳态电路，利用三极管的开关特性交替接通和切断转向灯电路，使转向灯发出明暗交替的闪烁光。电子式闪光继电器可以分为触点式（带继电器）和无触点式（不带继电器）两种，其电路图中触点式电子闪光继电器应用较多，它主要由一个三极管开关电路和一个继电器组成，其电路图如图 4-12 所示。

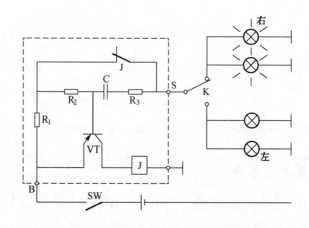

图 4-12　触点式电子闪光继电器电路图

触点式电子闪光继电器的工作原理如下。

当汽车右转弯时，电流由蓄电池正极→电源开关 SW→接线极柱 B→电阻器 R_1→接线极柱 S→继电器 K 的动断触点→转向灯开关→转向灯→搭铁→蓄电池负极构成回路。当电流流经电阻器 R_1 时，在电阻器 R_1 上产生电压降，使三极管 VT 因偏置电压而导通，集电极电流流经继电器 K 的线圈，其上产生的吸力使动断触点断开，右转向灯熄灭。

三极管 VT 导通的同时，其基极电流向电容器 C 充电，其充电电流由蓄电池正极→电源开关 SW→接线极柱 B→三极管 VT 的发射极、基极→电容器 C→电阻器 R_3→接线极柱 S→继电器 K 的动断触点→转向灯开关→右转向灯→搭铁→蓄电池负极形成回路。在充电的过程中，随着电容器 C 电压的升高，充电电流逐渐减小，三极管 VT 的基极、集电极电流随之减小。当此电流不足以维持衔铁的吸合而释放时，继电器 K 的动断触点又重新闭合，转向灯又重新发亮。这时电容器 C 通过电阻器 R_2、继电器 K 的动断触点和电阻器 R_3 放电，放电电流在电阻器 R_2 上产生的电压降向三极管 VT 提供反向偏压，加速其截止。当放电电流接近 0 时，电阻器 R_1 上的电压降又为三极管 VT 提供正向偏压使之导通。这样电容器 C 不断地导通和放电，三极管 VT 就不断地导通和截止，控制继电器 K 的动断触点反复闭合、断开，使转向灯闪烁。

3）转向灯、危险警告灯的工作过程

以五菱小旋风汽车带闪光继电器的转向灯电路为例，如图 4-13 所示。

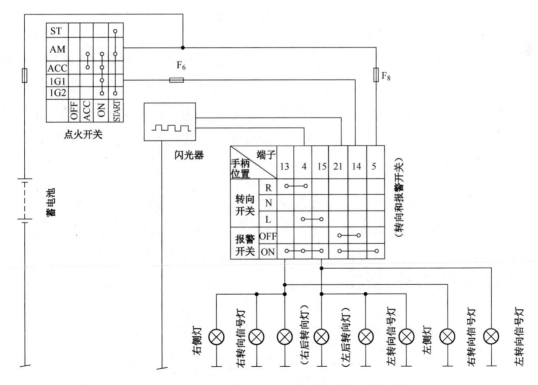

图 4-13 五菱小旋风汽车带闪光继电器的转向灯电路

（1）转向灯的工作过程。当汽车左转弯时，电流由蓄电池的正极→点火开关→熔断器 F_6→报警开关（OFF）→闪光继电器→左转向灯开关→左转向灯→搭铁→蓄电池负极构成回路，左转向灯闪光工作。

（2）危险警告灯的工作过程。电流由蓄电池正极→熔断器 F_8→报警开关（ON）→闪光继电器→报警开关（ON）→转向灯→搭铁→蓄电池负极构成回路，转向灯闪光工作。

5. 声音信号

声音信号就是汽车在行驶时，按下喇叭按钮，喇叭就会发出声响，起到警告行人和车辆的作用。喇叭的结构如图 4-14 所示。

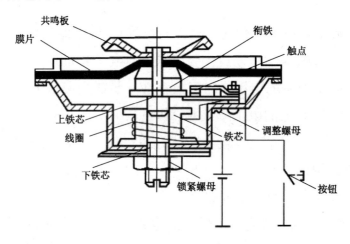

图 4-14　喇叭的结构

当按下喇叭按钮时，进入喇叭的电流由蓄电池的正极→线圈→触点→喇叭按钮→搭铁→蓄电池负极构成回路。线圈通电后产生电磁吸力，吸动上铁芯及衔铁下移，使膜片向下拱曲，衔铁下移过程中将触点顶开，线圈电路被切断，其电磁力消失，上铁芯、衔铁在膜片弹力的作用下复位，触点又闭合。如此反复一通一断，使膜片及共鸣板连续振动辐射发声。

6. 制动灯

制动灯的作用是警告后方车辆和行人注意前方车辆要停车或减速。制动灯开关一般和制动踏板相连，当踩下制动踏板时，开关触点闭合，接通制动灯电路。一般来讲，制动灯应该和驾驶员的眼睛在同一高度。为了起到更好的提示作用，小型车的后面都配有高位制动灯。制动灯电路如图 4-15 所示。

图 4-15　制动灯电路

当车辆需要刹车时，驾驶员踩下制动踏板，使汽车减速至停车。在这个过程中，电流由蓄电池正极→熔断器→制动灯开关→制动灯→搭铁→蓄电池负极构成回路。制动灯不受点火开关的控制，只受制动灯开关的控制，而制动灯开关一般都与制动踏板相连，不设单独的开关。

7．倒车灯

汽车倒车灯的作用是向其他车辆和行人发出倒车警告，同时在倒车时起到照明作用。倒车灯亮，示意汽车正在倒车。倒车灯开关和倒挡相连，当汽车挂倒挡时，倒车灯开关触点闭合，接通倒车灯电路。倒车灯电路如图 4-16 所示。

图 4-16　倒车灯电路

当挂上倒挡时，电流由蓄电池正极→点火开关→熔断器→倒车灯开关→倒车灯→搭铁→蓄电池负极构成回路。倒车灯受点火开关控制，只有点火开关处于 ON 位置时才能接通倒车灯电路。

三、仪表与报警系统

1．仪表系统的组成

驾驶员座位前方的仪表板上装有各种仪表，这些仪表的作用是为了便于驾驶员掌握车辆和发动机的各种状况。汽车驾驶室操纵件、指示器及信号装置的图形标志如下。

1）车门状态指示灯

它是显示车门是否完全关闭的指示灯。车门打开或未能关闭时，相应的指示灯亮起，提示车主车门未关好，车门关闭后熄灭。车门状态指示灯标志如图 4-17 所示。

2）驻车指示灯

驻车制动手柄（手刹）拉起时，此灯点亮。手刹被放下时，该指示灯自动熄灭。在有的车型上，制动液不足时此灯会亮。驻车指示灯标志如图 4-18 所示。

图 4-17　车门状态指示灯标志

图 4-18　驻车指示灯标志

3）电瓶指示灯

它是显示蓄电池工作状态的指示灯。接通点火开关后亮起，发动机启动后熄灭。如果不亮或长亮应立即检查发电机及电路。电瓶指示灯标志如图 4-19 所示。

4）刹车盘指示灯

它是显示制动盘片磨损情况的指示灯。正常情况下此灯熄灭，点亮时提示车主应及时更换故障或磨损过度的制动片，修复后熄灭。刹车盘指示灯标志如图 4-20 所示。

图 4-19　电瓶指示灯标志

图 4-20　刹车盘指示灯标志

5）机油指示灯

它是显示发动机机油压力的指示灯。该灯亮起时表示润滑系统失去压力，可能有渗漏，此时需立即停车关闭发动机进行检查。机油指示灯标志如图 4-21 所示。

6）水温指示灯

它是显示发动机冷却液温度过高的指示灯。此灯点亮报警时，应即时停车并关闭发动机，待冷却至正常温度后再继续行驶。水温指示灯标志如图 4-22 所示。

图 4-21　机油指示灯标志

图 4-22　水温指示灯标志

7）安全气囊指示灯

它是显示安全气囊工作状态的指示灯。接通点火开关后点亮，3～4s 后熄灭，表示系统正常；不亮或长亮表示系统存在故障。安全气囊指示灯标志如图 4-23 所示。

8）ABS 指示灯

该指示灯接通点火开关后点亮，3～4s 后熄灭，表示系统正常；不亮或长亮则表示系统故障，此时可以继续低速行驶，但应避免紧急制动。ABS 指示灯标志如图 4-24 所示。

图 4-23　安全气囊指示灯标志

图 4-24　ABS 指示灯标志

9）发动机自检灯（故障灯）

它是发动机工作状态的指示灯。接通点火开关后点亮，3～4s 后熄灭，发动机正常；不亮或长亮表示发动机故障，需及时进行检修。发动机自检灯（故障灯）标志如图 4-25 所示。

10）燃油指示灯

它是提示燃油不足的指示灯。该灯亮起时，表示燃油即将耗尽。一般从该灯亮起到燃油耗尽之前，车辆还能行驶 50km 左右。燃油指示灯标志如图 4-26 所示。

图 4-25　发动机自检灯（故障灯）标志

图 4-26　燃油指示灯标志

11）清洗液指示灯

它是显示风挡清洗液存量的指示灯。如果清洗液即将耗尽，该灯点亮，提示车主及时添加清洗液。添加清洗液后，指示灯熄灭。清洗液指示灯标志如图 4-27 所示。

12）电子油门指示灯

该指示灯多见于大众公司的车型中。车辆开始自检时，该灯会点亮数秒，随后熄灭。出现故障时，本灯亮起，应及时进行检修。电子油门指示灯标志如图 4-28 所示。

图 4-27　清洗液指示灯标志

图 4-28　电子油门指示灯标志

13）前、后雾灯指示灯

该指示灯被用来显示前、后雾灯的工作状况。前、后雾灯接通时，两灯点亮。前、后雾灯指示灯标志如图 4-29 所示。图中左侧的是前雾灯显示，右侧为后雾灯显示。

14）转向指示灯

转向灯亮时，相应的转向指示灯按一定频率闪烁。按下双闪警示灯按键时，两灯同时亮起，转向灯熄灭后，指示灯自动熄灭。转向指示灯标志如图 4-30 所示。

图 4-29　前、后雾灯指示灯标志

图 4-30　转向指示灯标志

15）远光指示灯

它是显示大灯是否处于远光状态的指示灯，通常的情况下该指示灯为熄灭状态，在远光灯接通和使用远光灯瞬间点亮功能时亮起。远光指示灯标志如图 4-31 所示。

16）安全带指示灯

它是显示安全带状态的指示灯。按照车型不同，该灯会亮起数秒进行提示，或者直到系好安全带才熄灭，有的车型还会有声音提示。安全带指示灯标志如图 4-32 所示。

图 4-31　远光指示灯标志

图 4-32　安全带指示灯标志

17）O/D 挡指示灯

O/D 挡指示灯被用来显示自动挡的 O/D 挡（Over-Drive）的工作状态。当 O/D 挡指示灯闪亮时，说明 O/D 挡已锁止。O/D 挡指示灯标志如图 4-33 所示。

18）内循环指示灯

该指示灯被用来显示车辆空调系统的工作状态，平时为熄灭状态。当打开内循环按钮、车辆关闭外循环时，该指示灯自动点亮。内循环指示灯标志如图 4-34 所示。

图 4-33　O/D 挡指示灯标志

图 4-34　内循环指示灯标志

19）示宽指示灯（危险警告灯）

示宽指示灯被用来显示车辆示宽灯的工作状态，平时为熄灭状态。当示宽灯打开时，该指示灯随即点亮，说明该车有故障或者需要缓慢行驶。在大雨或大雾中行驶时一般需要打开此灯。示宽指示灯（危险警告灯）标志如图 4-35 所示。

20）VSC 指示灯

该指示灯被用来显示车辆 VSC（电子车身稳定系统）的工作状态，多出现在日系车型中。当该指示灯点亮时，说明 VSC 系统已被关闭。VSC 指示灯标志如图 4-36 所示。

21）TCS 指示灯

该指示灯被用来显示车辆 TCS（牵引力控制系统）的工作状态，多出现在欧系车型中。当该指示灯点亮时，说明 TCS 系统已被关闭。TCS 指示灯标志如图 4-37 所示。

图 4-35　示宽指示灯（危险警告灯）标志　图 4-36　VSC 指示灯标志　　　图 4-37　TCS 指示灯标志

22）仪表板

仪表板上装有各种计量、测量仪表显示屏和警告灯、指示灯、照明灯等，如图 4-38 所示。过去的车辆多采用指针式仪表来显示车辆状况，现在的车辆更多的是使用数字式电子仪表。

图 4-38　仪表板

仪表板上主要的仪表有以下几种。

（1）燃油表（见图 4-38 左一）用来显示油箱中的燃油液面高度。

（2）水温表（见图 4-38 右一）用来显示发动机冷却液的温度。

（3）车速表（见图 4-38 左二）包括显示车速的时速表、显示车辆行驶总里程的里程表及可以根据需要复位归零的短行程里程表。

（4）转速表（见图 4-38 右二）显示发动机每分钟的转数，单位为 r/min。

2. 双金属元件和稳压器

在介绍常用仪表前，先介绍一下双金属元件（见图 4-39）和稳压器（见图 4-40）。这两种元件在仪表中使用非常多。

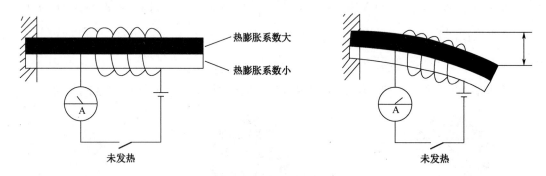

图 4-39　双金属元件

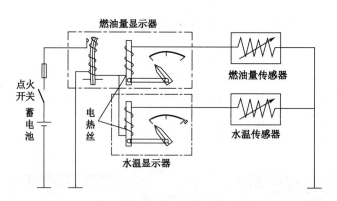

图 4-40　稳压器

双金属元件是由两种热膨胀系数不同的金属组成的，外面缠绕有电热丝。当电热丝中有电流流过时，电热丝产生的热量使双金属臂向热膨胀系数较小的一端弯曲；当断开电源以后，双金属臂得以冷却从而伸直，这就是双金属元件的工作原理。

电源的电压波动会对双金属型仪表产生影响，电压的波动使得电流强度随之增减，在显示器上就表现为显示值有误差。为了避免这种误差，仪表内装有稳压器。

稳压器由一个动断触点和一个双金属元件构成。当电压加至稳压器时，电流流过双金属元件，电流使电热丝发热，双金属臂因受热而弯曲。当双金属臂弯曲时，动断触点断开，流过电热丝的电流被切断，双金属臂得以冷却而伸直，动断触点重新闭合。上述过程循环进行，动断触点的断开、闭合没有固定的时间，而是随着输入电压的变化而变化。

3．电流表

电流表被用来指示蓄电池的充电和放电电流值。常用的有电磁式、动磁式和磁片线圈式等。

以动磁式电流表为例，如图 4-41 所示。黄铜导电板固定在绝缘底板上，两端与电源正、负极接线极柱相连，中间夹有磁轭，与黄铜导电板固定在一起的针轴上装有指针和永久磁铁转子（简称磁钢指针）。

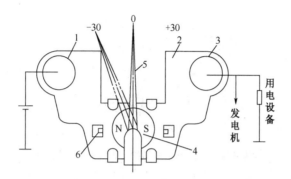

1、3—接线极柱；2—黄铜导电板；4—永磁转子；5—指针；6—磁轭。

图 4-41　动磁式电流表

在没有电流通过时，磁钢指针通过磁轭构成磁回路，使指针保持在中间"0"位置。当电流流过两个接线极柱和黄铜导电板时，在黄铜导电板的周围就产生了磁场，使浮装在黄铜导电板中心的磁钢指针向负方向，指示放电电流的大小。电流越大，指针偏转角度也就越大，读数也越大。如果是充电电流通过黄铜导电板，那么指针偏转方向也会相反，指示充电电流的大小。

注意

电流表的接线极柱是有极性的，接线时不可接错。负极接线极柱接蓄电池正极，正极接线极柱接发电机的输出接线极柱。

4．燃油表

燃油表的显示器中装有一个双金属元件，传感器中则装有一个浮子式可变滑线电阻器。当点火开关打开至 ON 的位置时，电流通过显示器内的稳压器和电热丝，然后经传感器中的滑线电阻器接地。当电流通过显示器中的电热丝时，电热丝发热，使双金属元件弯曲，其弯曲程度和电流强度成正比。

电流强度的大小是由浮子式可变滑线电阻器决定的。浮子式可变滑线电阻器如图 4-42 所示，它包括一个可随燃油液面高度而上下浮动的浮子、一个内置滑线电阻器及一条浮子臂。电阻器滑线的接触位置随着浮子的升降而改变，从而改变电阻。

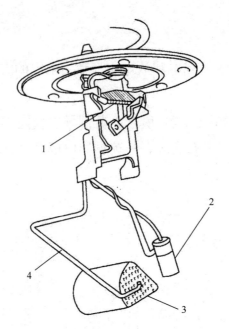

1—滑线电阻器；2—热敏电阻器；3—浮子；4—浮子臂。

图 4-42　浮子式可变滑线电阻器

当燃油液位较高时，电阻器的阻值较小，所以电流强度较大，这时电热丝发出较高的热量，使双金属元件弯曲，指针朝"FULL"字样一侧移动。

当燃油液位较低时，电阻器的阻值较大，所以电流强度较小，这时电热丝发出较低的热量，使双金属元件变形较小，指针只偏移较小的角度。

5. 机油压力表及传感器

机油压力表可以显示发动机内的机油压力，使驾驶员了解润滑系统的故障。机油压力表也是一种双金属型仪表，其显示的数值是通过机油压力传感器输送过来的。机油压力表及传感器如图 4-43 所示。

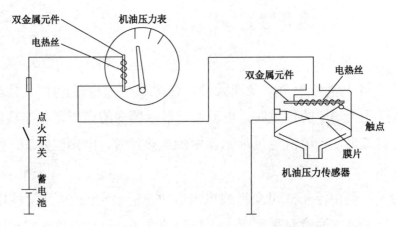

图 4-43　机油压力表及传感器

传感器中双金属元件上有一些触点，这些触点可以根据流经显示器电热丝的电流强度而推动仪表指针。当机油压力为零时，这些触点断开，闭合点火开关，也没有电流经过触点，指针不动。在机油压力较低时，膜片推动触点产生轻微的接触，电流流经传感器和显示器中的电热丝，由于触点接触压力低，极弱的电流便可以使双金属元件弯曲而断开触点，所以显示器中双金属元件的温度不会上升，只有轻微的弯曲，指针偏转量很小。

6. 机油压力报警灯电路

机油压力报警灯电路如图 4-44 所示。一般来讲，机油压力报警灯采用常闭式开关，传感器内的膜片承受机油压力，活动触点受膜片的移动控制。当点火开关处于 ON 的位置还没有启动发动机时，机油压力报警灯点亮。因为膜片未受到压力而触点保持闭合，线路接通至接地。当启动发动机后，发动机油压建立，膜片将触点断开，电路被切断，机油压力报警灯熄灭。

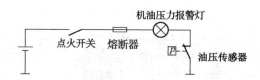

图 4-44　机油压力报警灯电路

7. 水温表

水温表用于显示发动机冷却水套中的冷却液温度。水温表有双金属电阻型和交叉线圈型两种。

双金属电阻型水温表的显示器中也使用了双金属元件，而传感器部分则采用了热敏电阻器。水温传感器如图 4-45 所示。双金属型水温表的工作原理与双金属型燃油表的工作原理相同。

图 4-45　水温传感器

热敏电阻器是一种类似晶体管的半导体，由半导体材料混合烧制而成，组成材料主要有锰、钴、镍、铁、铜和钛等金属的氧化物。其特点是电阻会随着温度变化而发生很大的变化。当温度升高时，普通电阻器的电阻增大，而热敏电阻器的电阻则减小。普通导体的

电阻在温度上升几百摄氏度时只比常温下增加一倍，但热敏电阻器不同，极小的温度上升都会使其电阻迅速下降。

冷却液温度低时，传感器中热敏电阻器的电阻很大，几乎无电流通过，电热丝只能产生极少的热量，指针只能微微移动一点。冷却液温度上升时，热敏电阻器的阻值迅速下降，电流变大，电热丝的发热量随之上升，双金属元件的弯曲程度随热量的上升而增大，指针摆动幅度较大，提示冷却液温度上升。汽车上大多数采用负系数温度传感器。

8．发动机冷却液温度报警灯

发动机冷却液温度报警灯如图 4-46 所示。一个固定触点和一个由双金属片带动的活动触点共同组成一对触点。双金属片随着冷却液温度的升高而弯曲，活动触点慢慢向固定触点靠拢。当温度较高时，双金属片的变形较大，触点闭合，电路接通搭铁回路，报警灯就点亮了。

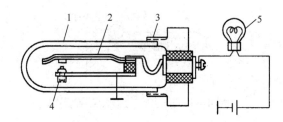

1—水温传感器套筒；2—双金属片；3—螺纹接头；4—活动触点；5—冷却液温度报警灯。

图 4-46　发动机冷却液温度报警灯

这种报警系统采用常开式开关，当点火开关在 ON 的位置时，灯是不亮的。一般为了确定灯泡良好，可以在电路中增设探测电路。

点火开关在 START 的位置时，探测电路通过点火开关接通报警灯至搭铁的回路。这样，在发动机启动时报警灯点亮，提示报警灯灯泡在正常工作。

9．车速和里程表

车速和里程表是用来指示汽车行驶速度和累计行驶里程数的，可分为磁感应式和电子式两种。

1）车速表

磁感应式车速表使用软轴和变速器的输出轴（或分动器的输出轴）相连，变速器的输出轴带动车速表的软轴在其护罩内旋转，软轴带动车速里程表表芯旋转，表芯内是相连的软轴和永久磁铁。永久磁铁外面套有一个铝杯，车速表的指针就固定在铝杯上。车速表的指针和软轴之间没有任何机械连接。

在旋转过程中，永久磁铁在铝杯周围产生旋转磁场，使铝杯产生涡流电流。这些涡流电流产生的磁场与旋转磁场相互作用形成合磁场，合磁场力牵引铝杯和指针相对磁场转动。游丝的反力矩使铝杯只能转一定的角度，指针随着铝杯转动在车速表盘上转动。

2）里程表

里程表由车速表蜗杆驱动。里程表一般有 6 个数字轮，每个数字轮编有数字 0～9。这些数字轮啮合在一起，右边的数字轮转满一圈就会使左边的数字轮转动一个数字位置，依次向左。目前多数里程表装有两个计数器：一个可以归零，称为行程里程表，可以用来计量单次行驶里程；另外一个为总里程表。图 4-47 所示为机械传动磁感应式车速里程表。

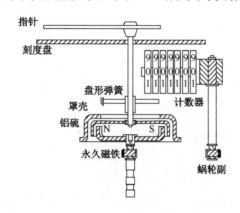

图 4-47　机械传动磁感应式车速里程表

10．发动机转速表

发动机转速表的作用是方便驾驶员掌握发动机工作状况，以便正确地选择换挡时机。一般发动机转速表接收来自点火系统的脉冲信号，火花塞每跳火一次便发出一个脉冲电压。火花塞发火频率与发动机转速成正比，转速表内的电路将点火脉冲信号变换成变化的电压，同时作为发动机转速表使用的电压表。

11．报警灯

仪表中的报警灯越来越多。各个电气系统都有自己的报警灯，在每次车辆启动时这些报警灯都会完成一次自诊断过程。它们其实是用发光二极管做成的，耗电量都很小。

发光二极管发出来的光通常设计成红色、绿色或黄色，它们只能在非常暗的条件下工作，在强光下难以看清。发光二极管上有一个小透镜，当发光二极管正向偏置时，空穴和电子复合，产生的能置以光的形式释放出来。发光二极管如图 4-48 所示。不同材料制造的发光二极管发出不同颜色的光。发光二极管的工作情况与普通二极管相同，不同的是给发光二极管加偏置电压时，它会发光。

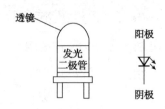

图 4-48　发光二极管

1）制动液面警告灯

制动液面警告灯的开关如图 4-49 所示，其原理是利用两个永久磁铁的平衡保持舌簧开关的位置。当舌簧开关两侧液面高度相同时，舌簧开关处于断开状态；当制动系统任何一侧压力降低，该侧的永久磁铁就会因位置发生改变使原来的磁场失去平衡，磁场方向的改变使舌簧开关闭合，电路接通，制动液面警告灯点亮。

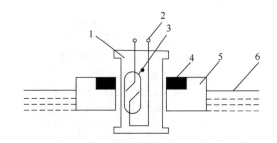

1—外壳；2—接线极柱；3—舌簧开关；4—永久磁铁；5—浮子；6—液面。

图 4-49　制动液面警告灯的开关

2）充电指示灯

充电指示灯用来代替电流表。多数车辆在蓄电池放电时，充电指示灯点亮；当发电机开始发电后即熄灭。少数车辆反之。

12. 电子显示组合仪表

电子显示组合仪表的用途和功能与指针式仪表基本相同，都是利用各种传感器采集信号，并把这些信号转换为各类仪表中的显示数据，使驾驶员可以确定车辆的行驶速度、发动机转速、发动机冷却液温度、燃油量及车辆的其他情况。不同之处在于电子显示组合仪表中的结构和各种集成电路能够对上述信号数据进行处理，并将这些数据用数字或条形图的方式显示出来。

1）电子显示组合仪表的特点

（1）易于辨认。现代汽车的电子化程度越来越高，其中包含着大量的电子信息，电子显示组合仪表将这些电子信息以数字或条形图的方式表现出来，将车辆情况及时提供给驾

驶员，方便驾驶员及时处理各种情况。

（2）精确度高。传统的指针式仪表显示的是收到的传感器平均读数，而电子显示仪表显示的是即时读数，而且信息刷新得很快，甚至有些系统的仪表信息每秒钟就刷新16次。

（3）可靠性高。由于电子显示组合仪表中没有任何可动部件，所以其可靠性得到了较大的提高。

（4）使每个测量仪表和计量仪表都具有最佳的显示形式。电子显示组合仪表使用了数字、图形、指示灯及语音提示等多种表示方法，使驾驶员可以对车辆的状况一目了然，可以及时地做出调整。

2）各种仪表的组成和工作原理

电子显示组合仪表包括：数字式仪表微机、速度传感器、燃油油位标尺转换开关、短程控制开关等开关信号及真空荧光屏、发光二极管或液晶显示器等显示元件。

（1）车速表。车速表传感器为光电式，车速信号被转换成脉冲信号输入微机，微机根据输入的脉冲信号来计算车速，并控制荧光显示器显示微机输出的车速。

比如光电式车速表传感器（见图4-50）由常规的车速表软轴驱动，软轴带动开有方孔的轮子在发光二极管和光电晶体管之间旋转。由于轮子反复遮断发光二极管发出的光束，光电晶体管便发出一连串的脉冲信号送至车速表。集成电路将光电式传感器的模拟输入信号整形并计数成每秒脉冲数。每秒脉冲数换算成英里/小时或直接换算成千米/小时，以数字的形式显示在显示屏上。

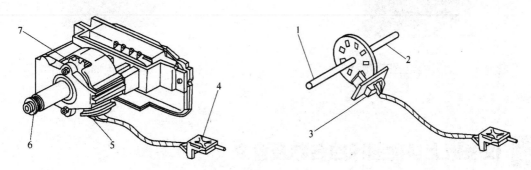

1—车速表软轴；2—接里程表；3、5—光电式传感器；4—从光电式传感器接至仪表的插头；
6—车速表软轴连接器；7—带方孔的轮子。

图4-50 光电式车速表传感器

（2）转速表。转速表传感器信号是发动机点火线圈输出的脉冲信号，微机接收后计算出发动机转速，然后控制荧光显示器发光，将发动机的转速以图形的形式显示出来。

（3）燃油表。燃油表传感器的浮子位置随油面的升降而浮动变化，使得输出电压信号发生变化。微机将检测到的电压信号与参考电压相比较，然后在荧光显示器上显示出油位。

如果按下燃油油位标尺转换开关，能够使燃油油位标尺显示扩大，松开开关，这种扩大的标尺显示仍可维持 6s。

（4）水温表。水温表的输入信号来自负温度系数的热敏电阻器。当发动机冷却液温度较低时，热敏电阻器的电阻比较大，导致低电压输入给微处理器，此时在仪表上显示较低的温度值。热敏电阻器的电阻随着发动机温度的上升而逐渐减小，输入给微处理器的电压也逐渐变大，在仪表上显示的温度值也随之上升。当冷却液温度达到预定值时，微处理器便发出使驾驶员注意发动机温度超高的提示。

任务实施

一、继电器的检测

（1）用万用表的蜂鸣挡测量继电器的动合触点，如图 4-51 所示。

（2）用万用表的蜂鸣挡测量继电器的动断触点，如图 4-52 所示。

图 4-51　测量继电器的动合触点　　　　图 4-52　测量继电器的动断触点

二、仪表板上各种图标的名称及含义

在车上指出仪表板中图标的名称。

（1）燃油表（见图 4-53 左一）是用来显示油箱中的燃油液面高度。

（2）水温表（见图 4-53 右一）用来显示发动机冷却液的温度。

（3）车速表（见图 4-53 左二）包括显示车速的时速表、显示车辆行驶总里程的里程表及可以根据需要复位归零的短行程里程表。

（4）转速表（见图 4-53 右二）显示发动机每分钟的转数，单位为 r/min。

图 4-53　仪表板

三、故障排除

教师根据设备的具体情况设施故障，学生按照规范的流程排除相应的故障。例如 2020 款别克威朗轿车远光灯不亮、制动灯也不亮。

素养与思政

本任务要求分组训练，各小组成员要熟练掌握照明系统检修规范的操作流程，力求做到精益求精，弘扬大国重器精神，在完成技能实训后观看《大国重器》等视频，讨论社会主义核心价值观。在实训过程中必须团结一致、相互合作学习，在操作过程中注意安全，要求全程实现 7S 管理。

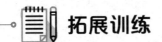

拓展训练

一、汽车制动灯工作不正常的故障诊断与排除

1. 故障现象

汽车制动灯工作不正常，踩下刹车制动灯不亮。

2. 故障原因

（1）熔断器熔断。

（2）制动灯开关损坏。

（3）灯泡断路。

（4）连接线路断路或插接件松脱。

3．故障诊断与排除

（1）如果一侧制动灯亮而另一侧制动灯不亮，应先检查不亮侧的制动灯灯泡是否断路，灯座处黑/红导线上的电压是否正常。若电压正常，则检查搭铁线接触是否良好，灯泡与灯座接触是否良好。

（2）如果两侧的制动灯均不亮，应先检查熔断器是否熔断。若良好，则检查制动灯开关处黑/红导线电压是否正常。若电压正常，则拆下制动灯开关处的两导线并连接在一起，此时若制动灯亮，则说明制动灯开关损坏，应予以更换；若制动灯仍不亮，则应检查制动灯灯泡是否断路，连接导线是否断路等。

二、汽车危险警告灯闪烁频率不一致的故障诊断与排除

1．故障现象

危险警告灯闪烁频率不一致。

2．故障原因

（1）转向灯灯泡功率选用不当。

（2）某转向灯灯泡损坏。

（3）闪光继电器调整不当。

（4）某侧搭铁线接触不良。

3．故障的诊断与排除

（1）检查闪光频率较高的一侧灯泡是否损坏，灯泡型号是否符合规定。

（2）检查搭铁线接触是否良好，插接件是否牢固。不符合要求的应更换或修整。

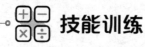

技能训练

1．测量闪光继电器。

2．说出仪表盘上各符号的意义。

3．按照规范的工艺要求操作，注意安全，全程要求 7S 管理。

项目五

辅助电气设备

📖 **项目描述**

　　汽车辅助电气设备有日益增多的趋势，并且主要向舒适、娱乐、保障安全等方面发展。车辆的豪华程度越高，辅助电气设备就越多。汽车辅助电气设备包括电动风扇、风窗清洗装置（刮水器、洗涤器、除霜装置）、电动车窗、电动座椅、电动后视镜、汽车防盗系统、汽车空调、汽车音像系统等。

　　本项目主要介绍刮水器、风窗清洗装置、电动车窗与安全带、电动后视镜、电动座椅、汽车防盗系统的结构、工作原理、零部件拆装、检修方法及故障排除等知识。

汽车电气设备构造与维修一体化教材

任务 辅助电气设备的构造与检修

 知识目标

1. 了解刮水器和洗涤器的结构及工作原理。
2. 掌握电动后视镜的结构及工作原理。
3. 掌握汽车防盗系统的工作原理。

能力目标

1. 能正确地拆装车窗升降器。
2. 能正确拆装电动刮水器。

思政目标

1. 通过熟练掌握车窗升降器等拆装、检修规范的操作流程，培养学生精益求精的工匠精神。
2. 通过学生小组合作学习，培养学生爱岗敬业、团结互助的职业道德。
3. 通过观看视频《大国重器》，参加弘扬优秀传统文化的活动，培养学生的爱国情怀。

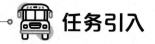 **任务引入**

最近刘老板的别克威朗小轿车左后门玻璃有时升不上来、有时候降不下去，此现象已经持续出现两周左右，经过 4S 店维修技师检查后判断是车窗升降器坏了。本任务主要介绍刮水器、风窗清洗装置、电动车窗与安全带、电动后视镜、电动座椅、汽车防盗系统的结构和工作原理等知识。

 **相关知识**

 **刮水器**

1．电动刮水器的结构及组成

刮水器又称为雨刮器或挡风玻璃雨刷，是用来刮除附着于车辆挡风玻璃上的雨点及灰尘的设备，以改善驾驶员的能见度，增加行车安全。因为法律要求，所有地方的汽车都安装了电动刮水器、风窗清洗装置和除霜装置。

电动刮水器主要由电动机、蜗轮总成、底板、摆杆、摆臂、曲柄机构及连杆组成。电动刮水器的结构如图 5-1 所示。

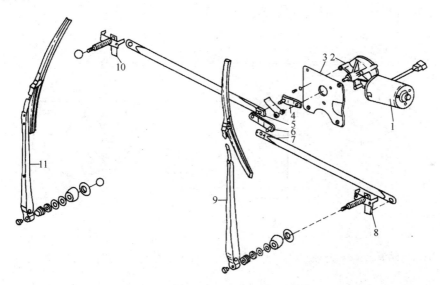

1—电动机；2—蜗轮总成；3—底板；4、6—曲柄机构；5、7—连杆；8、10—摆杆；9、11—摆臂。

图 5-1　电动刮水器的结构

按磁场结构来分，刮水器用的电动机有永磁式和激磁式两种。目前采用较多的是永磁式电动机，这是因为它的磁场为永久磁铁，具有体积小、重量轻、噪音小、结构简单及价格低廉等特点。

永磁式电动机如图 5-2 所示，永磁式电动机由电枢、磁极、蜗杆、蜗轮和自动停位器组成。通常情况下蜗杆、蜗轮和自动停位器都与电动机制成一体，使结构紧凑。

永磁式电动机的磁场强弱是不能改变的，为了改变工作速度可采用三刷式电动机。

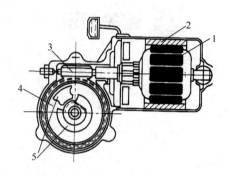

1—电枢；2—磁极；3—蜗杆；4—蜗轮；5—自动停位器。

图 5-2　永磁式电动机

2．永磁式电动刮水器工作过程

永磁式电动刮水器的磁场强度是不可变的，因此它利用三刷式结构改变正、负电刷的线圈数，最终实现变速，其结构如图 5-3 所示。

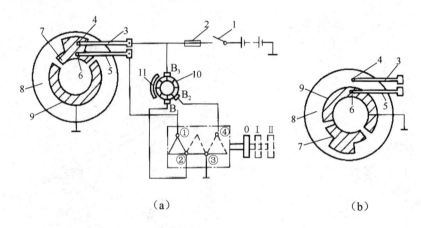

（a）　　　　　　　　　　　　（b）

1—电源总开关；2—熔断器；3、5—触点臂；4、6—触点；7、9—铜环；8—蜗轮；10—电枢；11—永久磁铁。

图 5-3　永磁式电动刮水器的结构

永磁式电动刮水器的工作原理是在直流电动机减速器蜗轮 8（由尼龙制成）上嵌有铜环，此铜环分两个部分，其中面积较大的一片 9 与电动机外壳相连接（搭铁）。触点臂 3、5 用磷铜片或其他弹性材料制成，其一端分别铆有触点 4、6。由于触点臂 3、5 具有弹性，因此当蜗轮 8 转动时，触点 4、6 与蜗轮 8 的端面（包括铜环 7、9）保持接触。

当电源总开关 1 接通，把刮水器开关置于 I 挡（低速）时，电流经蓄电池正极→电源总开关 1→熔断器 2→电刷 B_3→电枢 10→电刷 B_1→接线柱②→接触片→接线柱③→搭铁→蓄电池负极形成回路，电动机以低速运转。

当刮水器开关置于 II 挡（高速）时，电流经蓄电池正极→电源总开关 1→熔断器 2→

电刷 B₃→电枢 10→电刷 B₂→接线柱④→接触片→接线柱③→搭铁→蓄电池负极形成回路，电动机以高速运转。

当刮水器开关置于 0 挡（停止）时，如果刮水器的橡皮刷没有停到规定的位置，由于触点 6 与铜环 9 接通，则电流继续流入电枢，此时电流经蓄电池正极→电源总开关 1→熔断器 2→电刷 B₃→电枢 10→电刷 B₁→接线柱②→接触片→接线柱①→触点臂 5→触点 6→铜环 9→搭铁→蓄电池负极形成回路，电动机以低速运转直至蜗轮旋转到图 5-3（a）所示的"特定位置"。触点 4 和触点 6 通过铜环 7"接通"，由于电枢 10 转动时的惯性，电动机不能立即停下来，因而电动机以发电机运行而发电。因为电枢绕组所产生的反电动势的方向与外加电压的方向相反，所以电流经电刷 B₃→触点臂 3→触点 4→铜环 7→触点 6→触点臂 5→接线柱①→接触片→接线柱②→电刷 B₁ 形成回路，产生制动转矩，电动机迅速停止转动，使橡皮刷复位到风窗玻璃的下部。

3．间歇控制

当汽车在细雨或浓雾天气行驶时，因风窗玻璃表面形成的是不连续水滴，如果刮水器的刮片按一定速度连续刮水，风窗玻璃上的水分和灰尘就会形成发黏的表面，这样不仅不能将风窗玻璃刮干净，还会使风窗玻璃模糊不清，影响驾驶员的视线。为避免上述情况，在现代多数轿车刮水器中设置了间歇继电器。工作时将刮水开关拨至间歇工作挡位，刮水器便在间歇继电器的控制下，按每停止 2～12s 刮水一次的规律自动停止和刮拭，使驾驶员获得良好的视野。

以上功能主要通过系统中的间歇控制器来实现，间歇控制器有机械式和电子控制式两种。

二、风窗清洗装置

1．风窗玻璃刮水器的作用

风窗玻璃刮水器的作用是将附着在挡风玻璃上的雨水、积雪、尘埃及其他污物刮去。在清洁泥土和尘埃时，如果挡风玻璃上没有水而干刮就很难刮干净，甚至会划伤玻璃，因此，现代轿车及部分载货汽车上都安装有风窗清洗装置。该装置与刮水器配合使用，使汽车风窗玻璃刮水器系统更加完善。

2. 风窗清洗装置的结构及组成

风窗清洗装置有手动式、真空式和电动式三种，在轿车上大多数采用电动式。电动式风窗清洗装置的组成如图 5-4 所示。它由储液罐、清洗泵、输液管、喷嘴和接头等组成。

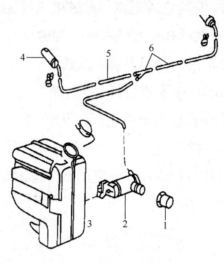

1—衬垫；2—清洗泵；3—储液罐；4—喷嘴；5—输液管；6—接头。

图 5-4　电动式风窗清洗装置的组成

储液罐由塑料制成，其内盛有用水、酒精或洗涤剂等配制的清洗液。有些储液罐上装有液面传感器，以此来感知储液罐清洗液的储备量。

清洗泵俗称喷水电动机，其作用是将清洗液加压，通过输液管和喷嘴喷洒到挡风玻璃表面。它由一个永磁电动机和液压泵组成。

三、电动车窗与安全带

1. 电动车窗的作用

电动车窗利用电动机来驱动升降器，使车窗玻璃上下移动，方便驾驶员和乘客，减少疲劳强度。

2. 电动车窗的构造

电动车窗由车窗、车窗升降器、电动机及开关等装置组成。

电动车窗的驱动装置由永磁双向电动机和蜗轮蜗杆减速器组成。目前大部分汽车的每个车窗都装有一个电动机，通过开关控制它的电流方向，使车窗升或降。

汽车用的电动车窗升降器多是由电动机、驱动齿扇（减速器）、调整杆、车窗玻璃、玻璃安装支架和导轨等组成的，如图5-5所示。驾驶员通过总开关来控制全部车窗玻璃的开闭，而乘客通过各车门内把手上的分开关分别控制各个车窗玻璃的开闭，操作十分便利。

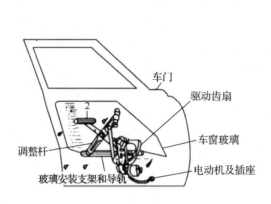

图5-5　电动车窗升降器

车窗升降器和玻璃导轨用小螺母和螺栓固定到位。玻璃用螺栓固定到升降器的上臂，也可使用铆钉将玻璃固定到升降器上。在一些老式汽车上，玻璃是用专用黏合剂或环氧树脂固定的。

拆卸玻璃时，拆下升降器上固定它的螺栓，还要拆下所有妨碍玻璃滑出的部件。

如果玻璃破裂，要使用真空清洁器将所有碎玻璃从车门内部清除。安装新的玻璃后，用螺栓固定到升降器上。

调整玻璃前不要猛关车门。如果是硬顶车门，那么玻璃会碰撞到顶部车门开口处而破碎。

3. 电动车窗控制电路

所有车窗系统都装有两套控制开关，一套装在驾驶侧门中部或变速器换挡杆的后部，为总开关，由驾驶员控制各车窗的升降；另一套分别装在每个车窗中部，为分开关，可由乘客进行操纵。

图5-6所示为汽车电动车窗控制电路。电动车窗电源由点火开关和主继电器控制，接通任一车门电动车窗控制开关时，电流经蓄电池正极→熔断器→断路器→主继电器触点→电动车窗控制开关→电动车窗驱动电动机→电动车窗控制开关→搭铁→蓄电池负极构成回路，使车窗升降。断开车窗开关后，除驾驶侧车门电动车窗能控制外，其余3个车门的电动车窗均被锁止。

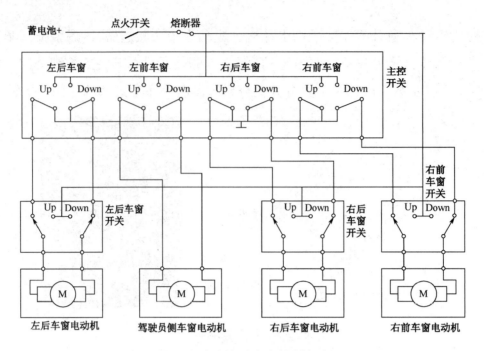

图 5-6　汽车电动车窗控制电路

4．安全带

汽车安全带就是在汽车上用于保证驾乘人员在车身受到猛烈打击时的人身安全，防止驾乘人员被安全气囊弹出时伤害的装置。安全带实物图如图 5-7 所示。

图 5-7　安全带实物图

安全带主要由卡轮、棘轮、卷收器、安全带插扣、吊带和锁定机构等零部件组成。

汽车安全带常见的类型有两点式安全带、三点式安全带、五点式安全带、六点式安全带（赛车用）、零压迫感智能安全带。

如果快速的拉动安全带，安全带就会被卡死，从而限制驾乘人员前倾的位移，达到保证驾乘人员安全的目的。比如在发生车祸的情形下，里面的卡子会由于安全带滚轮的快速转动而被离心力带出，从而迅速将安全带锁死，把座位上的人员固定在椅子上，待冲击峰值过去，或者人已经能受到安全气囊的保护时安全带就会适当放松以免压伤人的肋骨。

四、电动后视镜

1. 电动后视镜的作用

后视镜用来反映车辆后方、侧方和下方的情况，使驾驶员能够看清必要的间接视界，是汽车重要的安全部件。后视镜分外后视镜和内后视镜。内后视镜安装在车身内部，驾驶员可方便地对其进行调节；而外后视镜安装在车身外部，有的安装在车门上，有的安装在前翼子板上。外后视镜距离驾驶员较远，调整它的位置比较困难，尤其是前排乘客车门一侧的后视镜。因此，大部分轿车都把后视镜做成电动的，以便通过控制开关对后视镜进行控制。电动后视镜如图 5-8 所示。

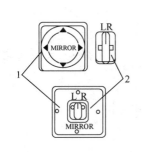

1—后视镜；2—控制开关。

（a）后视镜

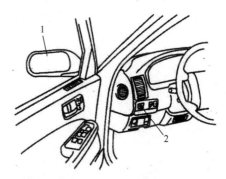

1—后视镜；2—控制开关。

（b）电动后视镜

图 5-8　电动后视镜

2. 电动后视镜的组成及结构

轿车的电动后视镜由直流电动机、连接机构、镜面和支架等组成。每个电动后视镜均有两套电动机驱动机构，驾驶员可通过遥控开关和选择开关进行操控，其电路图如图 5-9 所示。可对镜面的角度进行上、下偏转和左、右偏转调节，调节范围为 20°～30°。

别克威朗两个外后视镜均不工作，其电动后视镜电路图如图 5-10 所示。故障排除的流程如下：

（1）将点火开关置于 OFF 位置，并关闭所有车辆系统，断开 S52 车外后视镜开关的线束连接器。可能需要 2 分钟才能让所有车辆系统断电。

（2）测试搭铁电路端子 5 和搭铁之间的电阻是否小于 10Ω。若等于或大于 10Ω，则进入步骤（2.1）。

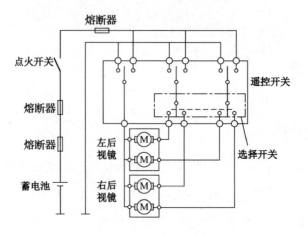

图 5-9　电动后视镜电路图

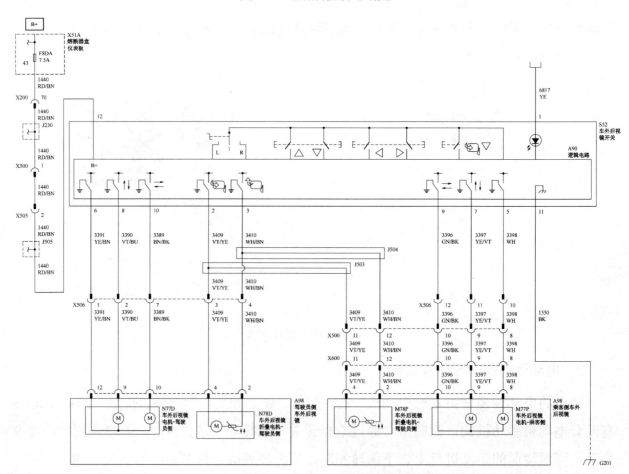

图 5-10　别克威朗的电动后视镜电路图

（2.1）将点火开关置于 OFF 位置。

（2.2）测试搭铁电路端对端的电阻是否小于 2Ω，若等于或大于 2Ω，则修理电路中的开路/电阻过大故障；若小于 2Ω，则修理搭铁连接中的开路/电阻过大故障。若小于 10Ω，则进入步骤（3）。

（3）确认 B+电路端子 4 和搭铁之间的测试灯点亮。若测试灯未点亮且电路熔断器完好，则进入步骤（3.1）。

（3.1）将点火开关置于 OFF 位置。

（3.2）测试 B+电路端对端的电阻是否小于 2Ω，若等于或大于 2Ω，则修理电路中的开路/电阻过大故障；若小于 2Ω，则确认熔断器未熔断且熔断器有电压。若测试灯未点亮且电路熔断器熔断，则进入步骤（3.3）。

（3.3）将点火开关置于 OFF 位置。

（3.4）测试 B+电路和搭铁之间的电阻是否为无穷大，若电阻不为无穷大，则修理电路中对搭铁短路故障；若电阻为无穷大，则进入步骤（3.5）。

（3.5）测试下列控制电路端子和搭铁之间的电阻是否为无穷大：端子 1 控制电路、端子 2 控制电路、端子 3 控制电路、端子 7 控制电路、端子 8 控制电路、端子 9 控制电路，若电阻不为无穷大，则修理电路中对搭铁短路故障；若电阻为无穷大，则测试或更换相应 M77 车外后视镜电机；若测试灯点亮，则进入步骤（4）。

（4）测试或更换 S52 车外后视镜开关。

五、电动座椅

电动座椅的型式有：带电子控制调节系统的电动座椅和不带电子控制调节系统的座椅。

1. 电动座椅的分类

按调节方式可分为手动调节和动力调节。其中动力调节按照动力源的不同又分为真空式、液压式和电动式三种。

按照座椅电机的数目和调节方式数目的不同，电动座椅一般有四向、六向、八向和多向调节等。

2. 电动座椅的功能

为驾驶员提供便于操作、舒适而又安全的驾驶位置，为乘客提供不易疲劳、舒适而又安全的乘坐位置。

3. 电动座椅的组成

电动座椅一般是由电子控制器、位置传感器、直流双向电动机、传动装置和座椅调节

装置、控制开关等组成的。

1）直流双向电动机

直流双向电动机的作用是为电动座椅的调节机构提供动力。此类电动机多采用双向电动机，即电枢的旋转方向随电流方向的改变而改变，使电动机按不同的电流方向进行正转或反转以达到调节座椅的目的。电动机的数量取决于电动座椅的类型，通常六向调节的电动座椅装有三个电动机。为防止电动机过载，电动机内装有熔断器，以确保电器设备的安全。

2）传动装置

传动装置的作用是将电动机的动力传给座椅调节装置，使其完成座椅的调整。把电动机的旋转运动转变成座椅的上下、前后移动或靠背的倾斜摆动。蜗轮蜗杆机构是其核心部件，它具有较大的传动比且自锁性能良好。它主要由联轴器、软轴、减速器与螺纹千斤顶或齿轮传动机构等组成。

3）控制开关

控制开关接受驾驶员或乘客输入的命令，控制执行机构完成电动座椅的调整。电动座椅组合控制开关包括前倾开关、后倾开关和四向开关（上下和前后），如图 5-11 所示。有的汽车将电动座椅组合控制开关安装在车门上，有的汽车安装在座椅旁边，方便驾驶员或乘客操控。

座椅组合控制开关通过控制电动机的搭铁与电源的连接，使三个电动机按所需的方向旋转。总的来说，当需要座椅整体上升或下降时，组合控制开关置于上或下的位置，前后两个高度调节电动机同时转动实现上下动作；当需要座椅前倾或后倾时，只需要前或后的一个电动机转动；当需要座椅整体前移或后退时，前后移动电动机转动。

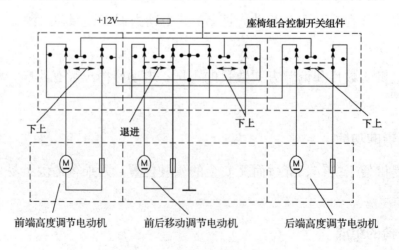

图 5-11　组合控制开关

六、汽车防盗系统

汽车防盗系统是为防止汽车本身或车上的物品被盗所设的系统。它由电子控制的遥控器或钥匙、电子控制电路、报警装置和执行机构等组成。最早的汽车门锁是机械式门锁，只是用于汽车行驶时防止车门自动打开而发生意外，只起行车安全作用，不起防盗作用。随着计算机技术的高速发展，整个系统向着数字化、网络化、集成化的方向发展。

1. 汽车防盗系统的组成

汽车防盗系统由防盗 ECU、故障灯、读识线圈（天线）、带脉冲转发器的点火钥匙（送码器）、发动机 ECU、防盗车电路、内外防劫车电路、物品防窃电路、高压自卫电路和报警声响电路等组成。

2. 汽车防盗系统的结构

目前汽车防盗系统按其结构可分为五大类，即机械式、芯片式、电子式、网络式和生物识别防盗系统。

1）机械式防盗系统

机械式防盗系统有三种产品，一是方向盘锁，闭锁后方向盘不能转动；二是排挡锁，闭锁时不能挂挡；三是油路锁，用于控制汽车油路通或堵的一种防盗型油路开关。

（1）方向盘锁。方向盘锁将方向盘与制动踏板连接在一块，或者直接在方向盘上加上限位铁棒使方向盘无法转动，如图 5-12 所示。市场上推出一种护盘式转向盘锁，以覆盖的方式，将镍铝高强度合金钢横跨在转向盘的某二辐，在锁头上再接一根钢棒，防止歹徒使用暴力窃车，这种锁为隐藏式，有一层防锯防钻钢板保护，另外材质也比传统的拐杖锁坚固，锁芯也设计得更加精密。

图 5-12　方向盘锁

（2）排挡锁。排挡锁采用特殊高硬度合金钢制造，防撬、防钻、防锯，如图 5-13 所示。此防盗锁简便又坚固，且独特，采用同材质镍银合金锁芯和钥匙，没有原厂配备钥匙，根本无法打开，钥匙丢失后，可使用原厂电脑卡复制钥匙。

图 5-13　排挡锁

（3）油路锁。油路锁是用于控制汽车油路通或堵的一种防盗型油路开关，一般是通过汽车防盗报警器（见图 5-14）来实现的，防盗报警器通过一个油路断电继电器来控制，当汽车发生警情（如非法启动、开门震动、系统被破坏），系统立即拨打车主预设的报警电话（手机、座机），并声光警示、锁断电路/油路，让车在未解警时无法启动。

图 5-14　防盗报警器

2）电子式防盗系统

电子式防盗系统能够在盗车者进入汽车时发出蜂鸣、警笛、灯光等信号，可吓退盗车者，又可引起路人的注意。

目前电子式防盗系统是在车辆中应用最广的防盗系统之一，分为单向和双向两种。单向电子式防盗系统的主要功能是：车的开关门、震动或非法开启车门报警等，也有一些品牌的产品根据客户的需求增加了一些功能，如用电子遥控器来完成发动机启动、熄火等。

双向电子式防盗系统相比单向电子式防盗系统先进不少，能让车主清晰地知道汽车的真实情况，当车有异动报警时，遥控器上的液晶显示器会同时显示汽车遭遇的状况，不过缺点是其有效范围只有 100～200m。

电子式防盗系统利用无线电射频技术来达到防盗目的，其原理是：将射频发射应答器嵌入汽车钥匙中，在此应答器中储存有与特定车辆相吻合的特别识别码，当把钥匙插入电源开关并转动时，安装在点火锁内部的转发器就读入钥匙中的识别码，然后与汽车内的识别码识别器之间产生一种无线电信号，如果钥匙中的识别码与识别器的编码相一致，汽车就可以启动。否则，识别码就不会接通电源，并且锁定点火系和供油系，汽车无法启动。

3）芯片式防盗系统

发动机防盗锁止系统（Immobilizer）是在通用的汽车防盗系统（VATS）基础上发展起来的，在防盗原理上传承了 VATS 的思路，即利用钥匙中芯片的密码与启动电门中的密码进行匹配来控制发动机的启动，以达到防盗的目的。对于装有发动机防盗锁止系统的汽车，即使盗车者打开车门也不能启动发动机开走汽车。芯片式数码防盗锁如图 5-15 所示。

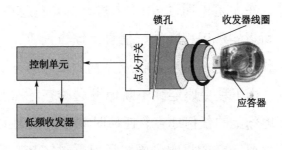

图 5-15　芯片式数码防盗锁

通过在点火钥匙中装设带有固定 ID 的芯片，使得只有钥匙芯片的 ID 与发动机的 ID 相匹配时，汽车才能启动。如果不一致，发动机无法启动。当车主转动钥匙发动车辆时，基站发射低频信号开始认证过程。钥匙端应答器工作能量由基站低频信号提供，在认证过程中，置于钥匙中的应答器首先发送自身的 ID 号，通过基站芯片的验证后，基站会发出一串随机数和 MAC 地址，同时应答器做出回应。为了提高安全性，每次发送的信号都是经过加密的数据。点火钥匙的工作原理如图 5-16 所示。

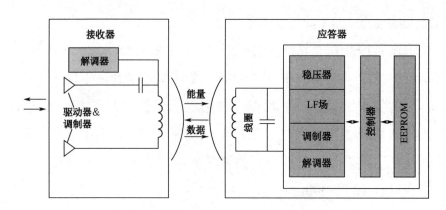

图 5-16　点火钥匙的工作原理

IMMO 主要通过 ECU 来控制发动机，整个方案包括低频收发器、MCU、稳压器和通信接口芯片（如 CAN、LIN 收发器）。在尺寸的限制下，NXP 推出新一代的单芯片解决方案，将这些芯片用一块专用 IC 来实现。它包括了 LIN 收发器、稳压器及数字逻辑单元，实现了单芯片的远程 ECU 通信，只需要三根线（Power、GND 和 LIN）就可以实现 IMMO 功能。

4）网络式防盗系统

网络式防盗系统也就是 GPS，利用卫星定位系统对汽车进行监控。其原理是将车辆信息输入电话卡中并安装在 GPS 定位器里，然后装在车内隐蔽的位置，就可以全程监控汽车的位置。如果汽车被盗，车主可以通过 SIM 卡进行互会信息得知具体位置。同时 GPS 管理终端扩展性比较好，可以实现远程断油、信息反馈查询等。

网络式防盗系统的工作原理是：利用接收卫星发射信号与地面监控设备和 GPS 信号接收机组成全球定位系统，由卫星星座连续不断地发送动态目标的三维位置、速度和时间信息，同时要保证车辆在地球上的任何地点、任何时刻都能收到卫星发出的信号。GPS 主要是靠锁定点火或启动来达到防盗的目的，同时还可通过 GPS 卫星定位系统，将报警处和报警车辆所在位置无声地传送到报警中心。因此，只要每辆移动车辆上安装的 GPS 车载机能正常的工作，再配上相应的信号传输链路（如 GSM 移动通信网络和电子地图），建一个专门接收和处理各个移动目标发出的报警和位置信号的监控室，就可形成一个卫星定位的移动目标监控系统。

5）生物识别防盗系统

指纹锁（见图 5-17）是利用每个人不同的指纹图形特征制成的一种汽车门锁，它属于生物识别防盗系统的范畴。制作时先在锁内录入车主的指纹图形。当车主开启车门时，只要将手指往门锁上一按，如果指纹图形相符，车门即开。眼睛锁是利用视网膜图纹来控制

的汽车门锁，也属于生物识别防盗系统的范畴，这种锁内设有视网膜识别和记忆系统，车主开锁时只需凑近门锁看一眼，视网膜图形与记录中的相吻合时，车门会自动打开，缺点是价格昂贵。一般使用这种防盗系统的都是中高档轿车，经济型轿车一般不安装如此高档的防盗系统。

图 5-17　指纹锁

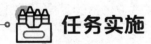　**任务实施**

车门玻璃与升降器的更换

（1）车门玻璃与升降器的更换必须用胶带纸对车门及玻璃窗框进行贴护。

（2）拆卸门锁内拉手如图 5-18 所示。

图 5-18　拆卸门锁内拉手

（3）拆卸车门扶手如图 5-19 所示。

图 5-19　拆卸车门扶手

（4）拆卸车门内饰板如图 5-20 所示。

图 5-20　拆卸车门内饰板

（5）拆卸车门附件如图 5-21 所示。

图 5-21　拆卸车门附件

（6）用扳手拆卸车门升降玻璃的固定螺栓，将玻璃从车门里面拿出来，如图 5-22 所示。

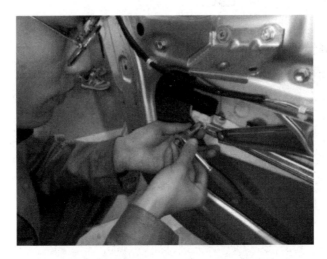

图 5-22　拆卸车门升降玻璃的固定螺栓

（7）用扳手拆卸车窗升降器螺栓，取出车窗升降器总成，如图 5-23 所示。

图 5-23　取出车窗升降器总成

（8）更换新的玻璃及车窗升降器，按照拆卸相反的顺序将所有的零部件安装到位。

💡 **素养与思政**

　　本任务要求分组训练，各小组成员要熟练掌握辅助电气拆装、检修规范的操作流程，力求做到精益求精，弘扬大国重器精神，在完成技能实训后观看《大国重器》等视频，讨论社会主义核心价值观。在实训过程中必须团结一致、相互合作学习，在操作过程中注意安全，要求全程实现 7S 管理。

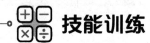 **技能训练**

1. 汽车车窗升降器的拆装、检修。

2. 汽车刮水器的检修。

3. 按照规范的工艺要求操作，注意安全，全程要求 7S 管理。

项目六

汽车空调系统

📖 项目描述

汽车空调系统是实现对车厢内空气进行制冷、加热、换气和空气净化的装置。它可以为驾乘人员提供舒适的乘车环境，降低驾驶员的疲劳强度，提高行车安全。汽车空调系统已成为衡量汽车功能是否齐全的标志之一。

本项目主要介绍汽车空调系统的构造、工作原理、空调系统零部件的检修方法及常见故障排除等知识。

 任务 汽车空调系统的构造与检修

 知识目标

1. 掌握空调系统的构造。
2. 掌握制冷系统的构造及工作原理。
3. 掌握暖风系统的构造及工作原理。

能力目标

1. 能正确充注制冷剂。
2. 能正确拆装、检修压缩机。
3. 能排除空调常见的故障。

思政目标

1. 通过熟练掌握压缩机拆装、检修规范的操作流程，培养学生精益求精的工匠精神。
2. 通过学生小组合作学习，培养学生爱岗敬业、团结互助的职业道德。
3. 通过观看视频《大国重器》，参加弘扬优秀传统文化的活动，培养学生的爱国情怀。

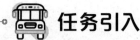 任务引入

　　莫教授开大众高尔夫轿车从南宁市去河池市出差，车开了一百多公里后发现空调吹出来的风是热的，一点都不冷，在服务站停车检查，发现空调低压管路上全是冰，经过进一步检查发现膨胀阀堵塞。本任务主要介绍汽车空调系统的构造、工作原理、拆装及检修等内容。

相关知识

一 汽车空调系统

汽车空调系统能使车内空气的温度、湿度、流速和清洁度等达到驾驶员和乘客所希望的舒适程度。空调已成为现代汽车的一种必要装备,一方面它对驾驶员提高安全驾驶、减少交通事故有着重要作用;另一方面,满足了人们对车内舒适环境提出的更高要求。

1. 汽车空调系统的功能

(1)调节车内温度。汽车空调系统利用其制冷系统和暖风系统调节车内空气的温度,使其保持在人体感觉适宜的范围。

(2)调节车内空气的流速和方向。调节车内出风口的位置、出风的方向及风量的大小。车内空气的流速和方向对人体的舒适度影响较大,夏季,气流速度稍大,有利于人体降温,但过大的风速直接吹到人体上,会使人感到不舒服,舒适的气流速度一般在 0.25 m/s 左右;冬季,风速过大,会影响人体的保温,一般在 0.15~0.25 m/s。根据人体生理特点,头部对冷比较敏感,脚部对热比较敏感,因而布置空调出风口时,应将冷风吹到驾乘人员的头部、暖风吹到驾乘人员的脚部。

(3)调节车内湿度。汽车空调系统能将车内的湿度调节到人体感觉适宜的范围。汽车空调系统通过制冷系统进行冷却降温,去除空气中的水分,再由暖风系统降低空气中的湿度。目前,汽车上一般未安装加湿系统,故只能通过开车窗或通风设备进行车内外的通风调节。

(4)净化车内空气。由于车内空间较小,当人员较多时,车内易出现缺氧和二氧化碳浓度过高的情况,再加上发动机排出的废气和道路上的灰尘等都容易进入车内,因此,要求汽车空调系统具有补充车内新鲜空气、对空气进行过滤净化和杀菌消毒的功能。

此外,汽车空调系统还能除去挡风玻璃上的雾、霜、冰、雪,给驾驶员一个清晰的视野,确保行车安全。

2. 汽车空调系统的组成

汽车空调是汽车内空气调节系统的简称,它是指在汽车封闭的空间内,对温度、湿度及空气的清洁度进行调节,使车内的空气处于比较理想的状态,从而让驾驶员和乘客感到

舒服。汽车空调系统具有四大功能：温度调节、湿度调节、空气的过滤清洁和空气的循环更换，其中，温度调节是汽车空调系统最主要、最基本的功能。

汽车空调系统包括制冷系统、暖风系统、通风与空气净化系统和控制系统等。由于暖风系统较为简单，故空调系统一般指制冷系统。制冷系统主要用于在炎热天气下对车内空气或外部进入车内的新鲜空气进行降温与除湿，使车内凉爽；暖风系统主要用于在冬季对车内空气或进入车内的新鲜空气进行加热和除湿，达到供暖效果；通风系统主要对车内引入的新鲜空气进行强制性通风和换气，保证车内空气清洁和对流；空气净化系统是除去车内的异味和尘埃，过滤和净化空气，并对空气杀菌消毒，去除异味，使空气清新，将以上系统按照一定的布置形式安装在汽车上，便组成完整的汽车空调系统。但一些车辆为降低成本简化了结构，仅为了适应热带或寒带的特点，装有制冷系统或采暖通风系统。另外，有些豪华型车上还装有专门的加湿系统。

3．汽车空调系统的类型

1）按驱动方式不同分类

（1）非独立式空调：非独立式制冷系统的压缩机由发动机驱动，空调的工作状态受发动机工况的影响，一般多用于中、小型汽车上。

（2）独立式空调：独立式制冷系统的压缩机由专用的发动机（或称副发动机）驱动，具有工作稳定、制冷量大、不受发动机工况的影响等优点，多用于大、中型客车上。

2）按控制方式不同分类

（1）手动空调：手动空调一般设有开关键、调温键和调风键等，操纵机构一般为拉索式。

（2）自动空调：自动空调一般用按键控制，操纵机构大多是电控气动式。

3）按热量的来源不同分类

（1）发动机冷却水采暖空调：在小型客车和轿车上，一般将上述各子系统有机地结合起来，组成同时具有采暖、降温除湿、挡风玻璃除霜、挡风玻璃除雾等功能的冷暖一体化空调系统。

（2）独立热源采暖空调：在大、中型客车上，空调各系统通常独立安装并可单独使用，如在车顶上安装两个或三个独立的强制换气扇用于车内通风换气，冬季用独立的燃油燃烧式加热器为车内供暖，夏季则用专门的副发动机驱动独立式制冷系统为车内提供冷气。

二、制冷系统

1. 制冷系统的类型

制冷系统多采用以 R12 或 R-134a 为制冷剂的蒸气压缩式制冷循环系统。目前车辆上主要采用膨胀阀式或膨胀管式制冷循环系统。

1）膨胀阀式制冷循环系统

图 6-1 所示为膨胀阀式制冷循环系统，其主要由压缩机、冷凝器、储液干燥器、冷凝器风扇、膨胀阀和蒸发器等部件组成。各部件用耐压金属管或特制的耐压橡胶软管依次连接形成一个封闭的系统，系统内充有一定量的制冷剂和压缩机机油。

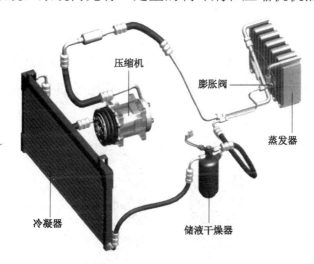

图 6-1　膨胀阀式制冷循环系统

2）膨胀管式制冷循环系统

图 6-2 所示为膨胀管式制冷循环系统，其主要由压缩机、冷凝器、集液器、冷凝器风扇、高压开关、低压开关、膨胀管和蒸发器等部件组成。

2. 制冷系统的构造

制冷系统对车内空气或由外部进入车内的新鲜空气进行冷却或除湿，使车内空气变得凉爽舒适。制冷系统由制冷剂、冷冻油、压缩机、电磁离合器、储液干燥器、压力开关、集液器、冷凝器、蒸发器、膨胀阀、膨胀节流管、散热风扇及管道等组成。

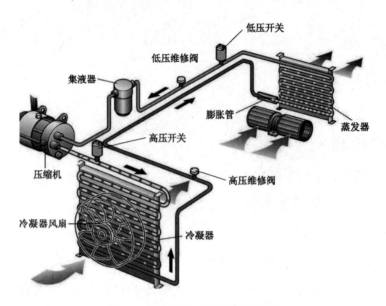

低压开关

低压维修阀

集液器

膨胀管

蒸发器

高压开关

压缩机

高压维修阀

冷凝器风扇

冷凝器

图 6-2　膨胀管式制冷循环系统

1）制冷剂

制冷剂俗称冷媒，又称制冷工质，它是制冷系统中用于转换热量、完成制冷循环的工作介质（作为热量交换的介质）。制冷剂有 R-134a（四氟乙烷）与 R12（二氯二氟甲烷），如图 6-3 所示。

（a）R-134a　　　　（b）R12

图 6-3　制冷剂

以前的汽车空调系统大多采用 R12 作为制冷剂，但由于泄漏的 R12 会破坏地球的臭氧层，危害人类的健康，因此这种制冷剂已被列为淘汰产品。国家规定 2000 年以后生产的新车不得再使用 R12 作为汽车空调的制冷剂。因此，它被更环保的 R-134a 所取代。

R-134a 是一种比较理想的绿色环保制冷剂，它不会破坏地球的臭氧层。其蒸发温度为 −26.18℃，凝固温度为−101℃，安全性高，不易燃，不爆炸，无毒，无刺激，无腐蚀性，蒸发潜热高，比定压热容大，流动性好，热传导效果好，具有较好的制冷能力。R-134a 和 R12 不能互换，否则会损坏空调系统。

制冷系统主要是利用物质的汽化吸热、冷凝放热的物理特性。物质由液体变为气体时，

需要吸收热量，液体的汽化使液体的温度降低。制冷剂从环境物体吸热，环境物体提供热量。物质由气体变为液体时，需要放出热量。制冷剂向环境物体放热，气体的液化使环境物体吸热。

在整个制冷过程中，制冷剂只有物理变化，没有化学反应。

2）冷冻油

用于制冷压缩机内各运动部件润滑的油，称为冷冻油，又称润滑油，如图6-4所示。按照石油化学工业部的标准，我国生产的冷冻油有13号、18号、25号、30号和企业标准40号五种牌号。其中，普遍采用的制冷压缩机冷冻油有13号、18号和25号三种。R12压缩机一般选用18号，R22压缩机一般选用25号。

图6-4 冷冻油

在压缩机中，冷冻油主要起润滑、密封、冷却及能量调节四个作用。

（1）润滑作用。冷冻油在压缩机运转中起润滑作用，以减少压缩机运行摩擦和磨损程度，从而延长压缩机的使用寿命。

（2）密封作用。冷冻油在压缩机中起密封作用，使压缩机内活塞与气缸面之间、各转动的轴承之间达到密封的作用，以防止制冷剂泄漏。

（3）冷却作用。冷冻油在压缩机各运动部件间润滑时，可带走工作过程中所产生的热量，使各运动部件保持较低的温度，从而提高压缩机的效率和使用的可靠性。

（4）能量调节作用。对于带有能量调节机构的制冷压缩机，可利用冷冻油的油压作为能量调节机械的动力。

3）压缩机

（1）安装位置。压缩机（见图6-5）安装在蒸发器与冷凝器之间，由曲轴皮带带动。

（2）功用。压缩机是制冷剂循环的动力源，起着压缩和输送制冷剂蒸气的作用，即把

低温低压的制冷剂转变为高温高压的制冷剂并输送给冷凝器。

图 6-5　压缩机

压缩机是制冷系统中低压和高压、低温和高温的转换装置（分界点）。

（3）工作原理。压缩机的接通或断开由电磁离合器来控制，而电磁离合器由空调控制单元控制。离合器的电磁线圈实际上是一个电磁铁，当离合器没有接合时，压缩机主轴不运转，制冷剂也不循环；当通电以后电磁线圈产生磁场，吸住压板，将皮带轮和压板锁住，把驱动皮带轮的功率传到压缩机，从而驱动压缩机主轴旋转，产生压力，引起制冷剂循环。一旦切断电流，磁场就会消失，靠弹簧作用使压板与皮带轮脱开，压缩机停止工作。

4）电磁离合器的组成

电磁离合器由皮带轮、压板及定子（电磁线圈）等组成，其构造如图 6-6 所示。其类型有盘状衔铁式、弹簧片式等。

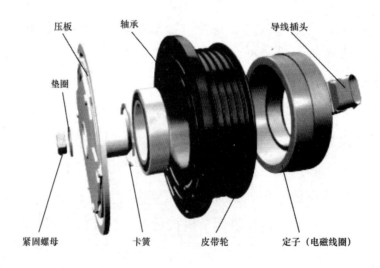

图 6-6　电磁离合器的构造

5）储液干燥器

（1）安装位置。储液干燥器安装在冷凝器和蒸发器之间。

（2）功用。

储液干燥器用于膨胀阀式的制冷循环系统，其作用是：

① 暂时存储制冷剂，使制冷剂的流量与制冷负荷相适应。

② 去除制冷剂中的水分和杂质，确保系统正常运行。如果系统中有水分，可能造成水分在系统中结冰，堵塞制冷剂的循环通道造成故障。如果制冷剂中有杂质，也可能造成系统堵塞使系统不能制冷。

③ 部分储液干燥器上装有观察玻璃，可观察制冷剂的流动情况，确定制冷剂的数量。

④ 有些储液干燥器上装有易熔塞，在系统压力、温度过高时，易熔塞熔化放出制冷剂，保护系统重要部件不被破坏。

⑤ 有些储液干燥器上安装有维修阀，当制冷系统需要安装压力表检测时，或者制冷系统需要补充充注制冷剂时，通过储液干燥器的维修阀就可以直接操作。

⑥ 有些车型的储液干燥器上装有压力开关，可在系统压力不正常时，中止压缩机的工作。

（3）结构。储液干燥器内部由干燥剂和过滤装置构成，如图 6-7 所示。干燥剂一般可用硅胶或分子筛。因 R-134a 与 R12 的特性不同，分子大小不同，故需采用不同的干燥剂。过滤装置一般由多层不同网目的金属滤网构成，由铜丝布、纱布及药棉等材料填叠而成。

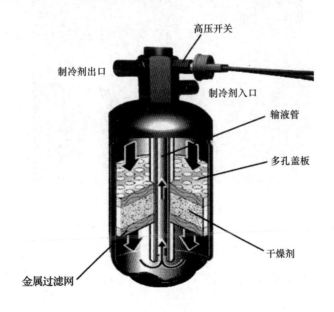

图 6-7　储液干燥器

（4）工作原理。高温高压液态制冷剂进入储液干燥器，流过过滤区，将各种悬浮颗粒

留在过滤区中，经过干燥区时，除去所含的水汽，过多的制冷剂储存在储液干燥器的底部，制冷剂由输液管出口排出。

有些汽车空调系统的视液镜安装在过滤器与膨胀阀之间，通过视液镜观察玻璃显示不同的颜色或气泡，可以判断制冷剂的多少及系统含水分的情况。制冷剂状态的观察示意图如图 6-8 所示。

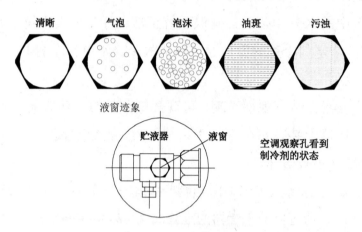

图 6-8　制冷剂状态观察示意图

6）压力开关

（1）安装位置。压力开关（见图 6-9）装在冷凝器出液管或储液干燥器上。

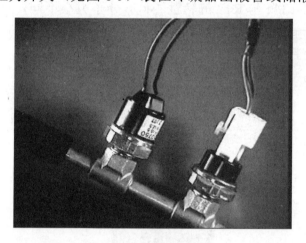

图 6-9　压力开关

（2）功用。当压力低于或高于规定值时使压缩机停止工作，起到保护制冷系统不被损坏的作用。它直接把电信号反馈给 ECU，通过 ECU 来控制压缩机继电器工作与否。

7）集液器

集液器用于汽车空调节流孔管系统中，其作用与储液干燥器类似，但安装在制冷系统的低压侧。

集液器的主要功能是防止液态制冷剂进入压缩机，也用于储存过多的液态制冷剂。集液器内含干燥剂，也起干燥器的作用。

由于膨胀管无法调节制冷剂的流量，因此从蒸发器出来的制冷剂不一定全部是气体，可能有部分液体。为防止压缩机损坏，在蒸发器出口处安装集液器，一方面将制冷剂进行气液分离，当制冷剂进入集液器后，液体部分沉积在集液器底部，气体部分从上部的管路进入压缩机；另一方面起到与储液干燥器相同的作用。集液器的结构如图 6-10 所示。

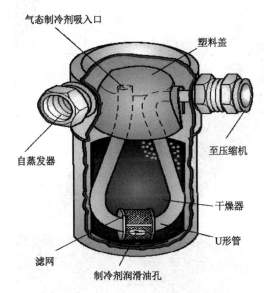

图 6-10　集液器的结构

集液器可以防止制冷剂液态回流造成液击，在一定程度上可以缓解回气管的结霜问题，如果在换冷藏室蒸发器时，没有集液器回气管很容易结霜。

集液器与一般储液干燥器的区别：

（1）集液器安装在制冷系统的低压区，而储液干燥器则安装在系统的高压区。

（2）集液器和储液干燥器存储的都是液态制冷剂，但集液器存储的这些制冷剂会在低压区慢慢地自然蒸发，离开集液器的只是气态制冷剂，因而起到气液分离的作用，而储液干燥器留下的是多余的液态制冷剂，用以调节运行。

（3）集液器中主要是气体，所以要求容积比较大，因而集液器尺寸一般比较大，而储液干燥器的尺寸一般比较小。

8）冷凝器

（1）安装位置。冷凝器一般安装在汽车车头、侧面或车底，通常设置在散热器前面。冷凝器的结构及安装位置如图 6-11 所示。

（2）功用。把压缩机排出的高温高压制冷剂气体，通过向车外空气散发热量，转变为高温高压液态制冷剂。

（3）结构。冷凝器一般采用铝材料制造，按照结构类型分为管片式、管带式和平行流式三种。

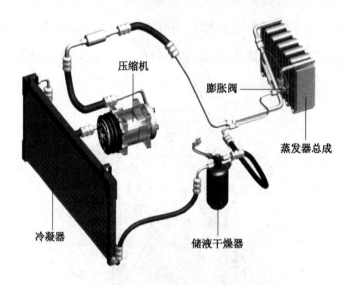

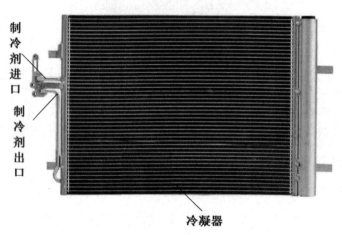

图 6-11　冷凝器的结构及安装位置

9）蒸发器

（1）安装位置。一般安装在膨胀阀与压缩机之间，安放在仪表台中的空调总成内。

（2）功用。蒸发器也是热交换装置，功能与冷凝器相反，其将节流降压后的雾状制冷剂，通过吸收流经蒸发器空气的热量，从而蒸发汽化成制冷剂蒸气。

（3）结构。一般采用铝制造，蒸发器的结构（见图 6-12）与冷凝器相似，按照结构类型分为管片式、管带式和层叠式三种。

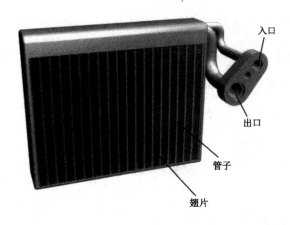

图 6-12 蒸发器的结构

（4）工作原理。空调系统工作时，来自节流装置的低温低压雾状制冷剂通过蒸发器管道时，液态制冷剂在低压下蒸发，利用蒸发吸热来冷却空气。热、湿空气通过蒸发器时，碰到冰冷的金属管芯和传热片，空气骤冷下来，空气中的水汽被凝结并沿金属壁流下排出，冷而干的空气被送入车内，使车内温度下降，环境舒适，同时低温低压雾状制冷剂变为低温低压制冷剂蒸气，并回到压缩机。在蒸发器前面安装有温度传感器，用于检测蒸发器的温度，并将该信息提供给空调的控制单元，以避免蒸发器结霜。蒸发器设定界限一般在 2.8℃左右。

10）膨胀阀

（1）安装位置。膨胀阀一般安装在蒸发器入口处。膨胀阀的安装及实物图如图 6-13 所示。

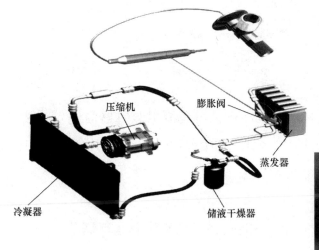

（a）安装图 　　　　　　　　　（b）膨胀阀实物图

图 6-13　膨胀阀的安装及实物图

（2）功用。膨胀阀起到节流降压和自动调节制冷剂流量的作用。

① 节流降压：它使从冷凝器来的高温高压液态制冷剂节流降压成为容易蒸发的低温低压雾状制冷剂，制冷剂进入蒸发器后，在蒸发器内完全蒸发。

② 自动调节制冷剂流量：热力膨胀阀可根据系统冷负荷需要量的变化自动地调节制冷剂流量，以满足制冷循环要求。

（3）类型。主要有内平衡式、外平衡式两种类型。外平衡式膨胀阀又分为 F 形和 H 形两种结构类型。

11）膨胀节流管（孔管）

膨胀节流管安装在冷凝器出口和蒸发器进口之间，用于将液态制冷剂节流降压。

膨胀节流管的结构如图 6-14 所示。它是一根细铜管，装在一根塑料套管内。在塑料套管外环形槽内，装有密封圈。有的还有两个外环形槽，每槽各装一个密封圈。把塑料套管连同膨胀节流管一起插入蒸发器进口管中，密封圈用于密封塑料套管外径和蒸发器进口管内径间的配合间隙。膨胀节流管两端都装有滤网，以防止系统堵塞。

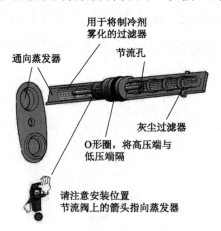

图 6-14　膨胀节流管的结构

由于膨胀节流管不能调节流量，液体制冷剂很可能流出蒸发器而进入压缩机，造成压缩机液击。因此，装有膨胀节流管的制冷系统必须在蒸发器出口和压缩机进口之间安装一个集液器，实行气液分离，避免压缩机发生液击。

由于膨胀节流管没有运动部件，结构简单，可靠性高，同时节省能耗，故很多高档轿车都采用这种方式。其缺点是制冷剂流量不能根据工况变化而进行调节。

3．制冷系统的工作原理

制冷系统是利用制冷剂（R12 或 R-134a）由液态转化为气态过程中需要吸收热量，以及制冷剂由气态转化为液态过程中对外放出热量的原理来达到降温的目的。制冷原理如

图 6-15 所示，制冷系统的工作过程可分为压缩过程、冷凝过程、膨胀过程和蒸发过程。

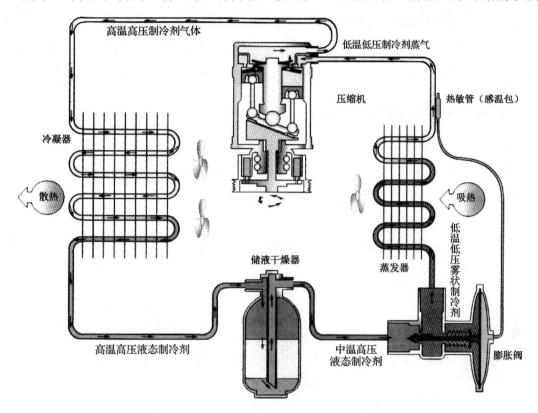

图 6-15　制冷原理

1）压缩过程

压缩机在发动机曲轴驱动下经传动带轮和电磁离合器带动旋转，吸入来自蒸发器中的低温低压制冷剂蒸气，将其压缩成温度为 70～80℃、压力为 1.3～1.5MPa 的高温高压制冷剂气体，经高压管路送入冷凝器。

2）冷凝过程

进入冷凝器的高温高压制冷剂气体经散热后变成温度为 50℃、压力为 1.3～1.5 MPa 的高温高压液态制冷剂。高温高压液态制冷剂进入储液干燥器，去除水分和杂质，然后经高压管路送至膨胀阀。

3）膨胀过程

中温高压液态制冷剂经膨胀阀节流变为温度为 1～4℃、压力为 0.15～0.3MPa 的低温低压雾状制冷剂喷入蒸发器。

4）蒸发过程

低温低压雾状制冷剂在蒸发器中吸收周围空气的热量而沸腾汽化，从而使蒸发器及其周围空气温度降低，蒸发器周围将始终保持较低的温度。送风机将空气吹过蒸发器表面，

使冷气送进车内。由于吸热，制冷剂气体到达蒸发器出口时温度升至5℃左右。

如果压缩机不停地运转，汽化的制冷剂又被压缩机吸入，从而使上述工作过程将不断地循环下去。同时，当车内空气湿度较高时，空气经蒸发器表面，空气中的水蒸气会在蒸发器表面凝结成液体流到车外，使车内空气中的水分减少，达到除湿的目的。

4．汽车空调制冷系统的控制电路

随着计算机控制技术的发展，许多车辆上都采用了微机空调系统，能为车内提供并保持舒适的温度。图 6-16 所示为五菱小旋风汽车空调制冷系统控制电路，主要包括电源电路、电磁离合器控制电路、鼓风机控制电路和冷凝器冷却风扇控制电路等。

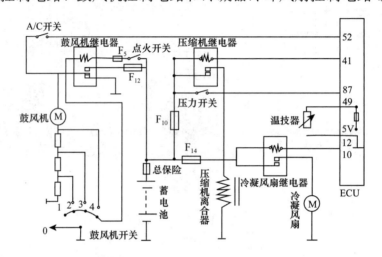

图 6-16　五菱小旋风汽车空调制冷系统控制电路

打开点火开关，电流从 F_5 到鼓风机继电器到鼓风机开关，若打开鼓风机开关时，则鼓风机继电器搭铁被接通，鼓风机工作。由于电阻的原因，2、3、4 挡的转速不同。

当打开 A/C 开关时，电流经 A/C 开关流向 ECU。若符合以下 2 个条件，ECU 则接通压缩机继电器与冷凝器继电器的搭铁，压缩机开始工作。

（1）车外温度大于 8℃。

（2）高、低压压力开关在 0.15～1.80MPa 之间接通。

5．暖风系统

暖风系统利用发动机冷却液给车内空气或由外部进入车内的新鲜空气加热，以达到取暖、除湿的目的。在冬天还可以给前、后风窗玻璃除霜、除雾。暖风系统由加热器、热水控制阀、散热器等组成。暖风系统的结构如图 6-17 所示。

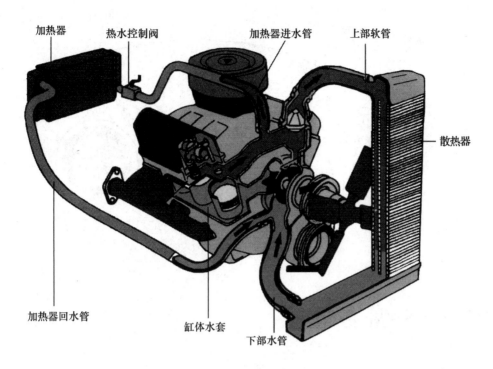

加热器　　热水控制阀　　加热器进水管　　上部软管

散热器

加热器回水管　　缸体水套　　下部水管

图 6-17　暖风系统的结构

　　轿车一般采用水暖式暖风系统。水暖式暖风系统一般以水冷式发动机冷却系统中的冷却液为热源，将冷却液引入车内的热交换器中，用鼓风机送来的车内空气（内气式）或车外空气（外气式）与热交换器中的冷却液进行热交换，鼓风机将加热后的空气送入车内。

　　水暖式暖风系统以水泵作为冷却液循环的动力。不使用暖气时，冷却液通过上部软管进入散热器，散热后的冷却液由散热器下部水管回到发动机。使用暖气时，经发动机上的热水控制阀分流出来的冷却液送入暖风机的加热器，放热后的冷却液由加热器回水管回到发动机。冷空气则在鼓风机的作用下，通过加热器被加热后，由不同的风口吹往车内。

6. 通风与空气净化系统

　　通风与空气净化系统如图 6-18 所示，它主要是控制车内空气的循环、流向，并净化车内空气。

　　驾驶员根据需要，使空气进行内循环或外循环，对车内空气进行置换的同时，控制气流的流向以达到制冷、加热及通风的功效。通风系统包括鼓风机、空气滤清器、进风口、风门、风道及出风口。

　　空气净化系统的作用原理是：在通风口处加装灰尘滤清器或活性炭过滤器，除去车内空气中的尘埃、臭味。

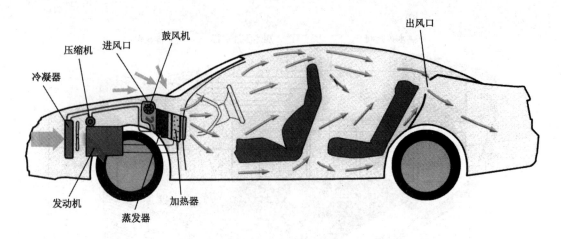

图 6-18　通风与空气净化系统

三、制冷系统的检测

1. 空调歧管压力表

1）作用

空调歧管压力表（见图 6-19）是维修制冷系统的重要设备，主要用于检测制冷系统高、低压侧的压力，充注制冷剂，加注润滑油，系统抽真空和系统排放等工作。

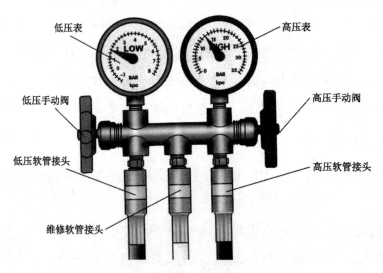

图 6-19　空调歧管压力表

2）组成及功能

空调歧管压力表由低压表、高压表、高压手动阀、低压手动阀、三根检测软管、低压软管接头、维修软管接头及高压软管接头组成。

空调歧管压力表的两个压力表中，一个用于检测制冷系统高压侧的压力，另一个用于检测低压侧的压力。低压侧压力表既用于显示压力，也用于显示真空度。

压力表都装在一个表座上，下部有三个通路接口，通过两个手动阀和三根检测软管组合使用。

3）空调歧管压力表的连接

（1）关闭空调歧管压力表的高、低压手动阀。

（2）将空调歧管压力表的检测软管接到制冷系统的检修阀上，高压软管接头与高压侧检修阀相连，低压软管接头与低压侧检修阀相连。

（3）连接时，要保证连接牢固，接头能顶开检修阀的气门芯。

（4）中间检测软管按需要连接真空泵、制冷剂罐或者密封、放空。

2．抽真空

空调系统一经开放就必须抽真空，如图 6-20 所示，以清除可能进入空调系统的空气和水分。

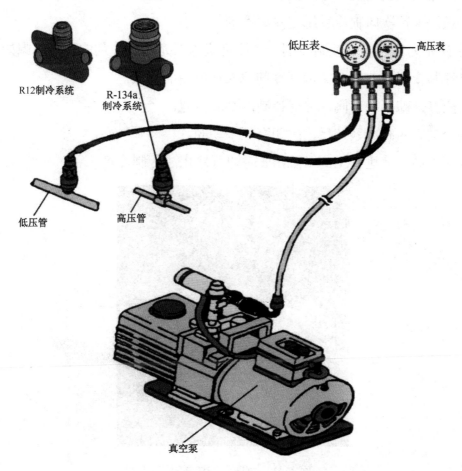

图 6-20　抽真空

操作步骤如下。

（1）将空调歧管压力表与空调系统相连，将空调歧管压力表的中间检测软管接到真空泵进口。

（2）打开高压和低压手动阀启动真空泵。如果打开低压手动阀，高压表进入真空范围，说明系统中没有阻塞。

（3）大约 10min 后，检查低压表真空值。若大于 80.0kPa，则关闭高压和低压手动阀并停止真空泵工作。5min 后，检查低压表真空值有无变化，若有变化，则应检查和修理渗漏处；若没有变化，则继续抽真空，直至低压表读数为 99.98kPa。

（4）关闭高压和低压手动阀，停止真空泵工作。5min 或更长时间后，检查低压表读数是否有变化。若没有变化，则可向空调系统充注制冷剂。

3．制冷剂的充注

1）高压侧充注法

将制冷剂从压缩机高压侧充注到制冷系统，注入的是制冷剂液体，所以加液速度快，这种充注法适用于首次向制冷系统充注制冷剂。

图 6-21 所示为高压侧充注制冷剂。在停机状态下充注制冷剂的操作步骤如下。

（1）充注制冷剂之前，要排除制冷剂注入管道中的空气。

（2）完全打开高压手动阀，并保持制冷剂罐倒置。

（3）制冷剂充入制冷系统后，关闭高压手动阀。

（4）高压表显示值达到 1.2～1.6MPa 时即可停止注入制冷剂。

图 6-21　高压侧充注制冷剂

2）低压侧充注法

将制冷剂从压缩机低压侧充注到压缩机内，注入的是制冷剂气体，所以充注速度慢，这种充注法适用汽车空调制冷系统制冷剂不足时补充添加。

图 6-22 所示为低压侧充注制冷剂。在压缩机运转的情况下充注制冷剂的操作步骤如下。

（1）排除制冷剂注入管道中的空气。

（2）制冷剂罐竖直向上放置，避免液态制冷剂的吸入，以防止压缩机产生液击、冲缸，打开低压手动阀，调节手动阀使低压表读数不超过 412kPa。

（3）将发动机置于快怠速（2000r/min），并使空调系统运行。

（4）充入规定数量的制冷剂后，低压表显示值达到 0.15～0.25MPa 之间即可停止注入制冷剂，并关闭低压手动阀。

在充注时，将制冷剂罐浸入热水（最高温度 40℃）中可加快注入速度。

图 6-22　低压侧充注制冷剂

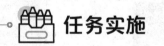 **任务实施**

摇板式压缩机的拆装

（1）用专用工具或风炮拆卸中心轴螺母，如图 6-23 所示。

（2）用专用拉拔器或螺栓拆卸离合器压板，如图 6-24 所示，并取出离合器压板。

图 6-23　拆卸中心轴螺母

图 6-24　拆卸离合器压板

（3）用卡簧钳拆卸皮带轮卡簧，如图 6-25 所示。

（4）用拉拔器拆卸皮带轮，如图 6-26 所示。

图 6-25　拆卸皮带轮卡簧

图 6-26　拆卸皮带轮

（5）用卡簧钳拆卸电磁离合器卡簧，如图 6-27 所示，并取下电磁离合器总成。

（6）拆卸压缩机前盖板螺栓，如图 6-28 所示，注意对角交叉拆卸，并取下前盖板。

图 6-27　拆卸电磁离合器卡簧

图 6-28　拆卸压缩机前盖板螺栓

（7）拆卸驱动机构总成如图 6-29 所示。

（8）拆卸滚针轴承如图 6-30 所示。

图 6-29　拆卸驱动机构总成

图 6-30　拆卸滚针轴承

（9）拆卸压缩机后端盖螺栓，如图 6-31 所示，注意对角交叉拆卸；拆卸后端盖及垫片如图 6-32 所示。

图 6-31　拆卸压缩机后端盖螺栓

图 6-32　拆卸后端盖及垫片

（10）用专用工具拆卸排气阀板总成，如图 6-33 所示。如果用螺丝刀撬的话，注意不要碰上垫片。

（11）拆卸中心轴调整螺母，如图 6-34 所示，并取出弹簧。

图 6-33　拆卸排气阀板总成

图 6-34　拆卸中心轴调整螺母

（12）用胶木棒或用手从后端轻压活塞，如图 6-35 所示；取出活塞总成，如图 6-36 所示。

图 6-35　轻压活塞　　　　　　　　　　　　图 6-36　取出活塞总成

（13）将拆卸下来的零部件清洗干净，按照与拆卸时相反的顺序安装即可。

三、空调压缩机冷冻机油的更换

（1）首先要先把空调压缩机给拆卸下来，然后打开空调压缩机冷冻机油盖，如图 6-37 所示。

图 6-37　打开空调压缩机冷冻机油盖

（2）然后将空调压缩机抱起来，倒机油，如图 6-38 所示。

图 6-38 倒机油

（3）同时要旋转空调压缩机输入轴，如图 6-39 所示。让压缩机尽可能排空机油。

图 6-39 旋转空调压缩机输入轴

（4）接着加注新的冷冻机油，如图 6-40 所示。倒入时要小心不要溢出来。倒入新的冷冻机油时也要旋转压缩机的输入轴，让空调压缩机内部的机油能走动。

图 6-40 加注新的冷冻机油

💡 **素养与思政**

本任务要求分组训练，各小组成员要熟练掌握压缩机拆装、检修规范的操作流程，力求做到精益求精，弘扬大国重器精神，在完成技能实训后观看《大国重器》等视频，讨论社会主义核心价值观。在实训过程中必须团结一致、相互合作学习，在操作过程中注意安全，要求全程实现 7S 管理。

 拓展训练

一、空调压缩机连接器故障排除

1. 准备工作

将工位卫生清理干净，准备与空调相关的工具、材料，如图 6-41 所示。

图 6-41 准备与空调相关的工具、材料

设备：丰田卡罗拉整车一辆。

工具及耗材：数字万用表、检漏仪、空调回收仪、空调歧管压力表及其附件、R-134a 和毛巾等。

2. 安装三件套

（1）安装车轮挡块。

（2）打开引擎盖，安装翼子板及前格栅布，如图 6-42 所示。

图 6-42 安装翼子板及前格栅布

3. 检查发动机机油、测量蓄电池电压

检查机油应在正常位置，蓄电池电压为 12.09V（正常）。检查机油位置及测量蓄电池

电压如图 6-43 所示。

图 6-43 检查机油位置及测量蓄电池电压

4．检查空调压缩机（压缩机电磁阀）

检查空调压缩机电磁阀如图 6-44 所示。

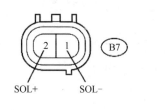

图 6-44 检查空调压缩机电磁阀

检查步骤如下。

（1）断开空调压缩机连接器。

（2）测量端子 1 和 2 之间的电阻，测得电阻为 10.4Ω。根据表 6-1 中空调压缩机电磁阀的标准电阻判断其是否处于正常状态。

表 6-1 空调压缩机电磁阀的标准电阻

检测仪连接	条件	规定状态
B7-2（SOL+）—B7-1（SOL-）	20℃（68°F）	10～11Ω

5．检查线束和连接器（空调压缩机—车身搭铁）

首先，断开空调压缩机连接器，然后测量 B7-1（SOL-）端子与车身搭铁电阻，如图 6-45 所示。测得电阻为 0.002Ω，并根据表 6-2 中线束和连接器的标准电阻判断其是否处于正常状态。

线束连接器前视图:
至空调压缩机(压缩机电磁阀)

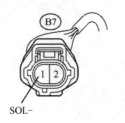

SOL−

H   E116971E14

图 6-45   检查线束和连接器

表 6-2   线束和连接器的标准电阻

检测仪连接	条件	规定状态
B7-1（SOL−）—车身搭铁	始终	小于 1Ω

6. 检查线束和连接器（空调压缩机—空调放大器）

（1）断开空调压缩机连接器如图 6-46 所示。

（2）断开空调放大器连接器如图 6-47 所示。

线束连接器前视图:
至空调压缩机(压缩机电磁阀)

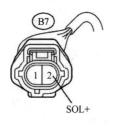

SOL+

H   E116971E15

图 6-46   断开空调压缩机连接器

线束连接器前视图:
至空调放大器

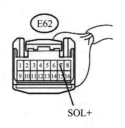

SOL+

图 6-47   断开空调放大器连接器

（3）测量电阻如图 6-48 所示。测得电阻分别为：E62-7—B7-2 之间的电阻为 0.004Ω，E62-7—车身搭铁为无穷大。根据表 6-3 中空调压缩机连接器、放大器的标准电阻判断其是否处于正常状态。

表 6-2   空调压缩机连接器、放大器的标准电阻

检测仪连接	条件	规定状态
E62-7（SOL+）—B7-2（SOL+）	始终	小于 1Ω
E62-7（SOL+）—车身搭铁	始终	10kΩ 或更大

图 6-48　测量电阻

7．排除故障

根据测量结果，更换连接器。

8．再次检查故障

再次启动汽车并打开空调，检查故障，无故障码，故障已经排除。

9．7S 管理

工作完成后收工具，整理、清洁场地。

二、制冷剂的充注

1．准备工作

将工位卫生清理干净，准备与空调相关的工具、材料，如图 6-49 所示。

图 6-49　准备与空调相关的工具、材料

设备：丰田卡罗拉整车一辆。

工具及耗材：数字万用表、检漏仪、空调回收仪、空调歧管压力表及其附件、R-134a 及毛巾等。

2. 安装三件套

（1）安装车轮挡块。

（2）打开引擎盖，安装翼子板及前格栅布，如图 6-50 所示。

图 6-50　安装翼子板及前格栅布

3. 检查发动机机油、测量蓄电池电压

检查机油应在正常位置，蓄电池电压为 12.09V（正常）。检查机油位置及测量蓄电池电压如图 6-51 所示。

图 6-51　检查机油位置及测量蓄电池电压

4. 车上检查

启动车辆，将车门全打开，温度设置到 MAX COLD，鼓风速度调到 HI，空调开关打到 ON 位置。

检查制冷剂。检查空调管和附件上的观察孔如图 6-52 所示。

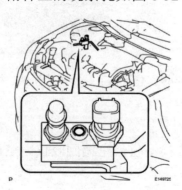

图 6-52　检查空调管和附件上的观察孔

目测检查时，在观察孔上方看见有气泡。用检漏仪检查发现无泄漏现象，如图 6-53 所示。

图 6-53　用检漏仪检查

5. 用空调歧管压力表组件检查制冷压力

用空调歧管压力表组件检查制冷压力，如图 6-54 所示。测得高压侧压力为 1.0 MPa，低压侧压力为 0.10MPa，低于正常值。

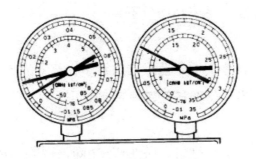

图 6-54　检查制冷压力

6. 充注制冷剂

连接好仪器，充注制冷剂直到高低压力表的数值都处于正常范围内，如图 6-55 所示。注意：充注前压下中间的阀门把连接管的空气排完。

图 6-55　充注制冷剂

7. 再次检查故障

制冷剂充注完成后，启动汽车并打开空调，检查故障，无故障码，故障已经排除。

8. 7S 管理

工作完成后收工具，整理、清洁场地。

三、空调常见故障原因及排除方法

1. 膨胀阀开度过大或感温包安装不当

（1）故障现象。

① 空调系统内高压压力过高（高压压力为 1862～1960kPa，低压压力约为 245kPa）。

② 压缩机低压回气管路挂霜或结有露滴。

③ 冷气出风口温度偏高，系统制冷量不足。

（2）产生原因。

① 膨胀阀开度过大，制冷剂进入蒸发器内过多，来不及蒸发就被吸入压缩机内。

② 感温包安装位置不当，使低压管路制冷剂过多。

（3）采取措施。

① 先顺时针试调膨胀阀调节螺钉，关小 1～2 圈，观察出风口温度。若有渐冷变化，则为原开度过大。可适当调小膨胀阀开度，适当的控制蒸发压力。

② 若调整开度无效，则应检查感温包。

检查感温包位置：正确位置应是在蒸发器出口端低压管上。

检查感温包，若与管子脱离或固定密封不好，则应重新包扎严密和固定良好。

2. 膨胀阀关闭故障

（1）故障现象。

① 当压缩机运转时，低压一侧的压力急剧下降（低压压力降至 80.0～93.3kPa）。

② 膨胀阀壳体不冷，即使用热水冲淋或以火焰加热数分钟也无反应。

（2）采取措施。

① 拆下膨胀阀检查，膨胀阀不通，用手指压力可按动其膜片，则可判断为膨胀阀感温器损坏或膜片破裂，从而导致感温系统内的压力和大气压力相等，使得膜片上方的压力降低或消失，针阀在其下放弹簧压力的作用下，紧压在节流孔上，造成了膨胀阀关闭不通。

② 更换新的膨胀阀总成。

③ 更换破裂的膜片等损坏件后，重新向感温器充注规定量的感温物质。

3．膨胀阀的冰堵故障

（1）故障现象。

① 当膨胀阀发生冰堵时，膨胀阀和蒸发器上的白霜全部融化，制冷量大幅度下降，直至不能制冷。

② 这时，制冷系统低压一侧的压力很低，可达到 80.0～93.3kPa 的真空度。

③ 对于装有低压开关、压缩机由电磁离合器控制运转的非独立式制冷系统，当发生冰堵时，在低压开关的作用下，电磁离合器分离，出现压缩机间歇停、开现象，系统断续制冷。

④ 对于独立式制冷系统，冰堵一旦发生，系统低压开关动作，切断制冷专用的发动机油路，发动机停止，整个系统也随之停止运转。

（2）产生原因。

制冷剂中含有水分，当液态制冷剂经膨胀阀的节流小孔时，温度骤然下降，其中的水分就在节流小孔或针阀孔周围凝结成小冰粒。当较多的冰粒凝结在节流部位时，就堵塞了节流通道，发生膨胀阀冰堵故障。

（3）采取措施。

① 把制冷全部排除并将系统解体，用工业汽油或四氯化碳清洗，吹干和烘干各总成，不能残留水分及杂质。

② 严格按操作规程装复，同时换上新的干燥剂或贮液干燥过滤器，或将原来失去效能的干燥剂加热再生处理后重复使用。

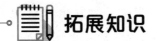

拓展知识

汽车自动空调系统

自动空调系统包括车内温度和湿度自动调节、回风和送风模式自动控制及运转方式和换气量控制等功能。驾驶员或乘客通过空调显示控制面板（见图 6-56）上的按钮进行设定，ECU 将根据驾乘人员的设定自动控制空调的运行，并根据各种传感器输入的信号，对送风温度和送风速度及时地进行调整，使车内的空气环境保持最佳状态。

图 6-56　空调显示控制面板

自动空调系统的优点：

（1）根据设定，使空调系统自动运行，并根据各传感器输入的信号，对送风温度和送风速度及时地进行调整，使车内的空气环境保持最佳状态。

（2）当车外温度与设定的车内温度较为接近时，ECU 可以缩短制冷压缩机的工作时间，甚至在不启动压缩机的情况下，就能使车内温度保持设定状态，达到节能目的。

（3）通过安置在汽车仪表盘上的空调显示控制面板，可以随时显示当时的设置温度、车内温度、车外温度、送风速度、回风和送风口状态及空调系统运行方式等信息，使驾驶员能够及时全面地了解空调系统的工作状态。

（4）ECU 有自诊断系统，可以及早发现故障隐患，当系统中出现故障时，使系统传入相应的故障安全状态，防止故障进一步扩大。

 技能训练

1．就车补充制冷剂。

2．汽车空调制冷剂的排放、抽真空，充注新的制冷剂。

3．按照规范的工艺要求操作，注意安全，全程要求 7S 管理。